Andreas Gold

Lesen kann man lernen
Wie man die Lesekompetenz
fördern kann

Mit 10 Abbildungen

Vandenhoeck & Ruprecht

Bibliografische Information der Deutschen Nationalbibliothek:
Die Deutsche Nationalbibliothek verzeichnet diese Publikation in der
Deutschen Nationalbibliografie; detaillierte bibliografische Daten sind
im Internet über http://dnb.de abrufbar.

3., völlig überarbeitete Auflage

© 2018, Vandenhoeck & Ruprecht GmbH & Co. KG,
Theaterstraße 13, D-37073 Göttingen
Alle Rechte vorbehalten. Das Werk und seine Teile sind urheberrechtlich
geschützt. Jede Verwertung in anderen als den gesetzlich zugelassenen Fällen
bedarf der vorherigen schriftlichen Einwilligung des Verlages.

Umschlagabbildung: studiovin – Shutterstock

Satz: SchwabScantechnik, Göttingen
Druck und Bindung: BALTO print, Vilnius
Printed in the EU

Vandenhoeck & Ruprecht Verlage | www.vandenhoeck-ruprecht-verlage.com

ISBN 978-3-525-31063-2

Inhalt

Lesen? Lesen! 7
1 Lesen. Wie funktioniert das? 12
2 Wie Kinder lesen lernen 29
3 Was das Elternhaus dazu beiträgt 40
4 Was im Unterricht geschieht 54
5 Förderung der Leseflüssigkeit 67
6 Förderung des Textverstehens 89
7 Was man bei Leseschwierigkeiten tun kann 121
Literatur 133
Register 139
Der Autor 140

Lesen? Lesen!

In Büchern über Lesen wird eingangs meist begründet, warum Lesen so wichtig ist, und aufgezählt, welche Nachteile damit verbunden sind, wenn man nicht so gut lesen kann. Hier nicht. Auch wird hier darauf verzichtet, anhand von Bildungsstatistiken auf die hohe Anzahl schwacher Leser hinzuweisen und auf die besondere Dringlichkeit von Fördermaßnahmen. Wer diese Zeilen liest, braucht solche Weckrufe nicht. Auch keine bildungsökonomischen Berechnungen über den Mehrwert einer wirksamen Leseförderung. Leicht lassen sich die aktuellen Wasserstandsmeldungen über die (zu umfängliche) Risikogruppe schwacher Leser, über die (zu hohen) Anzahlen der Kinder und Jugendlichen, die Mindeststandards verfehlen und über die (zu vielen) erwachsenen funktionalen Analphabeten durch Recherchen in den digitalen Suchmaschinen ermitteln – sofern man des Schreibens und Lesens mächtig ist und in der Lage, die Verlässlichkeit einer Quelle einzuschätzen.

Mehr als die Katastrophenmeldungen interessiert, wie es zu den unzureichenden Lesekompetenzen kommt und wo man ansetzen kann, um die Lesekompetenz von Kindern und Jugendlichen zu fördern. Dazu müssen wir uns zunächst einmal klarmachen, wie das Lesen funktioniert und wie Kinder lesen lernen. Weil die Schriftsprache auf der gesprochenen Sprache aufbaut und weil der Spracherwerb in den familiären Interaktionen seinen Anfang nimmt, werden wir dabei auch die Rolle des Elternhauses betrachten – wiewohl eine systematische Leseförderung erst in der Schule stattfindet.

Mit Lesenlernen ist in diesem Buch ausdrücklich nicht der Erstleselehrgang in der ersten Jahrgangsstufe gemeint – obgleich auch darauf am Rande eingegangen wird. *Lesen kann man lernen* setzt einen anderen Schwerpunkt: Hier geht es um die Entwicklung und um die Förderung der Lesekompetenz im Anschluss an das Erlernen des alphabetischen Prinzips. Also eher um die acht- bis zehnjährigen Grundschulkinder als um die sechs- bis siebenjährigen. Am Ende des ersten Schuljahres können die meisten Kinder bereits eine gelesene Buchstabenfolge regelkonform in eine Lautfolge übersetzen und damit beliebige Wörter und auch einfache Sätze erlesen. Diese basale Wortlesefertigkeit wird im Verlauf der Grundschuljahre verfeinert und die Kinder setzen beim Erfassen größerer Wort- und Texteinheiten zunehmend andere als die alphabetische Lesestrategie ein. Denn immer mehr Wörter müssen sie nicht mehr lautierend erlesen, sondern erkennen sie rasch als Ganzes. Im Curriculum der Grundschule wird im Anschluss an die Alphabetisierungsphase vom »weiterführenden Leseunterricht« gesprochen. Weiterführend meint, dass vom Wort- über das Satz- zum Textlesen vorangegangen wird und dass zu einer aktiven Auseinandersetzung mit dem Gelesenen und zur Anschlusskommunikation angeleitet wird. Idealerweise können die Kinder am Ende der Grundschuljahre altersangemessene Texte flüssig und sinnentnehmend lesen. Alle Kinder? Leider nicht! Eine Reihe von Kindern erliest auch am Ende der Grundschuljahre noch viele Wörter nur lautierend, langsam, stockend und fehlerhaft.

Lesen gelernt wird an den weiterführenden Schulen eigentlich nicht mehr – vielmehr wird gelesen, um zu lernen. Dass eine Reihe von Kindern und Jugendlichen in den weiterführenden Schulen mit erheblichen Lernschwierigkeiten zu kämpfen haben, hängt auch damit zusammen, dass sie nicht gut lesen können. Dass aber stillschweigend vorausgesetzt wird, sie könnten es. In *Lesen kann man lernen* wird deshalb der Blick auch auf die Zehn- bis Fünfzehnjährigen gerichtet, die weiterhin Schwierigkeiten mit dem Lesen haben. Was kann man im Unterricht tun, um ihre Kompetenzentwicklung zu unterstützen? Wie kann man überhaupt Kinder und Jugendliche in ihren Lesefertigkeiten fördern? Aus der Leseforschung der vergangenen 20 Jahre lassen sich vor allem zwei Ansatzpunkte wirksamer Leseförderung benennen: (1) Die Förderung der Leseflüssigkeit durch den Einsatz von Lautleseverfahren und (2) die Förderung des Textverstehens durch die Vermittlung von Lesestrategien. Ein noch grundlegenderer Ansatzpunkt, der diesen beiden vorgeordnet ist, wurde bereits erwähnt: Die Fördermaßnahmen zum Erlernen des alphabetischen Prinzips, also der regelhaften Zuordnung von Buchstaben der geschriebenen zu den Lauten der gesprochenen Sprache. Wo diese grundlegende Regelhaftigkeit des Wortlesens noch nicht begriffen wurde, laufen alle weiterführenden Fördermaßnahmen ins Leere.

Warum dieses Buch?

Um Studierenden der Lehrämter, der Erziehungswissenschaft und der Psychologie, Lehrerinnen und Lehrern und interessierten Eltern einen Einblick in Theorie und Praxis der Leseförderung zu geben. Verständlich und kompakt wird dargestellt, wie Kinder lesen lernen und wie man ihnen dabei helfen kann. Auch, was man bei anhaltenden Leseschwierigkeiten tun kann. Indem auf eine detaillierte Darstellung wissenschaftlicher Theorien und empirischer Befunde weitgehend verzichtet wird, soll *Lesen kann man lernen* auch Leserinnen und Leser ansprechen, die im Rahmen ihrer professionellen Tätigkeit nicht oder nur wenig mit Lesen und Leseförderung zu tun haben.

Wer mehr als einen kompakten Überblick haben möchte, mag sich über das *Lesen* im Allgemeinen in den empfehlenswerten Taschenbüchern von Maryanne Wolf (2010) und Stanislas Dehaene (2012) umfassender informieren oder im englischsprachigen Lehrbuch *The Psychology of Reading* von Paula Schwanenflugel und Nancy Knapp (2016). Über das *Lesen und Schreiben lernen* hat der Entwicklungspsychologe Wolfgang Schneider (2017) eine lesenswerte Abhandlung verfasst sowie über den *Schriftspracherwerb* aus pädagogischer Sicht die Erziehungswissenschaftlerin Agi Schründer-Lenzen (2013). Eine gründliche Auseinandersetzung mit den gestörten Lese- und Schreibprozessen findet sich bei Gerhild Scheerer-Neumann (2015) sowie bei Claudia Steinbrink und Thomas Lachmann (2014). Im Handbuch von Maik Philipp (2017) ist im Übrigen auf hohem Niveau (nahezu) alles zusammengestellt, was man über den Schriftspracherwerb, über das weiterführende Lesen und Schreiben und über die Förderung des Lesens (und Rechtschreibens) wissen muss.

Wie dieses Buch aufgebaut ist

Dies ist die dritte Auflage von *Lesen kann man lernen*. Der Titel wurde beibehalten, der Inhalt aber im Lichte der vergangenen zehn Jahre vollständig neu geschrieben. Wo die Erstauflage 2007 im Wesentlichen auf die Vermittlung von Lesestrategien für das fünfte und sechste Schuljahr zielte, wird nun eine umfassendere Sichtweise eigenommen. Auch stehen bei den Fördermaßnahmen nicht mehr die in meiner Arbeitsgruppe entwickelten *Text- und Lesedetektive* im Mittelpunkt, sondern es werden nahezu alle in deutscher Sprache verfügbaren und nachweislich wirksamen Förderprogramme behandelt. Noch vor zehn Jahren standen die Textdetektive allein auf weiter Flur.

Dieser Einleitung folgen sieben Kapitel. Im ersten wird der Vorgang des Lesens beschrieben (▶ Kap. 1). Es ist faszinierend, was dabei passiert, wenn Schriftzeichen auf einem Papier oder auf einem anderen Trägermedium gelesen und verstanden werden. Und verblüffend, dass geübte Leser sogar Enie aonnrdug vOn bhesbtucAn, diE vlilög uSniinng eRishencnt, lseEn Kneönn. In den nachfolgenden Kapiteln wird dargestellt, wie Kinder lesen lernen (▶ Kap. 2) und welche Rolle das Elternhaus dabei spielt (▶ Kap. 3). Lesesozialisation beginnt in den Familien – und es ist für die Entwicklung sprachlicher und schriftsprachlicher Kompetenzen nicht unerheblich, wie anregungsreich die familiären Lernumwelten in dieser Hinsicht sind. Der natürliche Ort einer systematischen Leseförderung ist der Unterricht in der Grundschule (▶ Kap. 4). Die meisten Maßnahmen zur Förderung der Kompetenzentwicklung können im Klassenverband durchgeführt werden, so z. B. die Lautleseverfahren zur Förderung der Leseflüssigkeit (▶ Kap. 5) oder die strategieorientierten Verfahren zur Förderung des Textverstehens (▶ Kap. 6). Beide Förderansätze haben sich auch im Anschluss an die Grundschuljahre bewährt. Kinder und Jugendliche mit anhaltenden Leseschwierigkeiten benötigen zusätzlich eine individuelle Leseförderung (▶ Kap. 7). Mittlerweile weiß man mehr darüber, weshalb es zu Leseschwierigkeiten kommt und welche Fördermaßnahmen Abhilfe versprechen.

Noch ein Tipp zum Schluss. Wer sich mit der Neurobiologie des Lesens und mit den kognitionspsychologischen Modellen in

▶ Kap. 1 nicht beschäftigen möchte, kann auch direkt mit ▶ Kap. 2 weitermachen. Im ersten Kapitel werden grundlegende Wahrnehmungs- und Denkprozesse behandelt, die uns das Lesen verstehen helfen – und das ist ohne Bezugnahme auf die eine oder andere Theorie und ihre Begrifflichkeiten kaum möglich. Es gibt aber in diesem Kapitel eine Reihe von Abbildungen, die das Lesen von *Lesen kann man lernen* erleichtern sollen. Sollten Sie ▶ Kap. 1 zunächst überspringen, dürfen Sie gern zu diesem Kapitel zurückkehren, wenn Sie doch etwas genauer wissen wollen.

Aus der Lesedidaktik stammt der Begriff der Zehn-Seiten-Chance, die man einem Buch gewähren sollte, bevor man es ungelesen wieder aus der Hand legt. Mittlerweile sind Sie auf Seite 11 angelangt – aber eigentlich beginnt das Buch erst auf der nächsten Seite.

1 Lesen. Wie funktioniert das?

Ein geschriebenes Wort ist zunächst einmal ein Gebilde aus vielen Punkten auf einer Fläche, die sich zu einem Muster von Linien zusammenfügen. Unter diesen Linien gibt es gerade, die horizontal, vertikal oder schräg verlaufen – und es gibt gebogene Linien. Dass es einzelne Buchstaben sind, aus denen sich das Gebilde zusammensetzt, erkennt nur, wer bereits lesen kann. Wenn es dunkel ist, kann man das Gebilde nicht sehen und das Wort auch nicht lesen. Wenn Tageslicht oder das Licht einer künstlichen Quelle auf das Wortgebilde fällt, reflektiert und absorbiert es die elektromagnetischen Lichtwellen.

Blicken wir mit dem Auge auf das geschriebene Wort, wird es zum Wahrnehmungsobjekt, genauer: zu einem optischen Reiz, weil die von ihm reflektierten Lichtimpulse die lichtempfindlichen Rezeptorzellen der inneren Augenhaut, die auch als Netzhaut (Retina) bezeichnet wird, erregen. Im Bereich der Sehgrube (Fovea), einem weniger als zwei Millimeter großen Areal auf der Netzhaut, ist die Sehschärfe am größten – hier trifft das reflektierte Licht auf die empfindlichsten Photorezeptoren der Retina. Unter den Photorezeptoren gibt es die lichtempfindlicheren Zapfen für das Farben- und das Scharfsehen (etwa sechs Millionen), die sich fast alle im Bereich der Sehgrube befinden, und die hell-dunkelempfindlichen Stäbchen (ca. 120 Millionen) für die Wahrnehmung schwacher Helligkeiten. In der Sehgrube entsteht, gebrochen und fokussiert durch die Linse, ein reelles, verkleinertes Abbild des Wahrnehmungsobjekts. Diese Projektion ist zweidimensional, seitenverkehrt und steht auf dem Kopf. Die *Netzhaut* wird zur Projektionsfläche der physikalischen Lichtstrahlenwelt und so zum Startpunkt des Lesevorgangs.

Indem wir unsere Augen drei bis fünfmal pro Sekunde in sprunghafter Weise bewegen (Sakkaden), suchen wir während des Lesens den jeweils relevanten Bildausschnitt einer Zeile genau auf die Sehgrube zu fokussieren, denn nur dieser kleine Netzhautabschnitt des Scharfsehens ist für das Lesen zu gebrauchen. Mehr als zwölf Buchstaben pro Sakkade sehen wir allerdings trotzdem nicht scharf. Die Aufeinanderfolge der Augenbewegungen beim schrittweisen Erfassen eines Textes setzt zugleich unserer Lesegeschwindigkeit eine natürliche Grenze: Mehr als 500 Wörter in der Minute können nicht gelesen werden.

Die eigentlichen Reize beim Lesen sind also Lichtimpulse, die von den einzelnen Punkten des Wahrnehmungsobjekts ausgehen – elektromagnetische Wellen (Strahlen) im Frequenzbereich zwischen 400 und 750 Nanometern. Gebrochen und gebündelt durch Hornhaut, Pupille und Linse des Auges gelangen sie auf die Netzhaut und erzeugen dort – wie bereits erwähnt – ein Abbild des Wahrnehmungsobjekts. Hier endet die Vergleichbarkeit mit der Funktionsweise einer analogen Kamera. Denn die durch den physikalischen Lichtreiz erregten Rezeptorzellen der Netzhaut setzen nunmehr Umwandlungsprozesse in Gang, an deren Ende elektrische Entladungsmuster als Nervenimpulse durch den Sehnerv das Auge in Richtung Sehrinde des Gehirns verlassen. Erst mit diesen Umwandlungsprozessen beginnt die visuelle Wahrnehmung. Bereits in den Zellen der Retina findet allerdings eine erste Vorverarbeitung der physikalischen Lichtreize statt, indem sie gefiltert, schwache Signale verstärkt und Kontraste geschärft werden. Die »Kanten« eines Wahrnehmungsobjekts werden so deutlicher hervorgehoben. Wichtig zu erwähnen, dass die einzelnen Merkmale des Wahrnehmungsobjekts bzw. die von ihnen reflektierten Lichtstrahlen – im Falle des Wortgebildes also etwa die geraden oder gebogenen Konturen seines Musters, aber auch die Länge einer Linie, ihre Lage, ihre Helligkeit und ihre Farbe – von Beginn an voneinander getrennt und parallel verarbeitet werden. Einzelne Retinazellen reagieren in spezifischer Weise auf je einzelne Reizmerkmale – und eben nur auf diese. Jede einzelne Photorezeptorenzelle kodiert über ihre Ganglienzelle in spezifischer Weise jeweils nur das Vorhandensein oder Nichtvorhandensein jenes Reizmerkmals, für das sie zuständig ist. Erst sehr viel später, in der Sehrinde, werden die Einzelmerkmale wieder zu einem einheitlichen Wahrnehmungsinhalt »zusammengefügt«.[1]

Als *Sehrinde* oder als visueller Kortex wird ein spezieller Neuronenverband im Hinterkopf (im Hinterhauptslappen) bezeichnet. Nach der Hirnkarte des Neuroanatomen und Psychiaters Korbinian Brodmann nimmt die Sehrinde die Areale 17, 18 und 19 im hintersten Teil des Großhirns ein (Abbildung 1). Das besonders weit hinten liegende Brodmann-Areal 17 gilt als Sitz des primären visuellen Kortex. Dieser *primäre visuelle Kortex,* der mit seinen 200 Millionen Neuronen immerhin etwa 15 Prozent der gesamten Großhirnrinde ausmacht, ist retinotop aufgebaut. Das bedeutet, dass die auf der Retina abgebildeten Punkte des Gesichtsfelds auf der Sehrinde genauso angeordnet sind. Jedem Punkt auf der Netzhaut entspricht mithin ein bestimmter Ort auf der primären Sehrinde. Der Bereich der retinalen Sehgrube ist dabei »überrepräsentiert«, denn etwa 80 Prozent des primären visuellen Kortex werden als Repräsentationsfläche für diesen vergleichsweise kleinen Netzhautausschnitt des schärfsten Sehens benötigt. Alle visuellen Informationen gelangen auf ihrem Weg von der Retina über afferente, d. h. Signale an das zentrale Nervensystem weiterleitende Nervenfasern zum primären visuellen Kortex.

Im primären visuellen Kortex signalisieren und repräsentieren die eingehenden Aktionspotenziale zunächst nur das Vorhandensein der einfachen visuellen Merkmale der Reizvorlage, so wie sie von den einzelnen retinalen Zellen als Lichtbalken kodiert worden sind. Die Informationen aus beiden Augen werden hier wieder »zusammengeschaltet«. Zugleich projizieren die Neuronen des primären visuellen Kortex ihrerseits zu anderen Kortexarealen – zunächst und vor allem in die Areale des sekundären und tertiären visuellen Kortex, und dort in die Brodmann-Areale A18 und A19, aber auch in weitere kortikale Areale im Schläfen- und im Scheitellappen. Dort werden aus einfachen Formen komplexere Formen erzeugt und einzelne Merkmale zu Merkmalskombinationen zusammengesetzt (wie z. B.

---

1 Um an dieser Stelle nicht zu sehr ins Detail zu gehen, wird auf Abbildungen zu den Sehbahnen des visuellen Systems auf dem Weg zur Sehrinde und zu den retinalen Prozessen verzichtet. Kompakte Darstellungen dazu finden sich in Lehrbüchern der Wahrnehmungspsychologie und/oder der Neurowissenschaften.

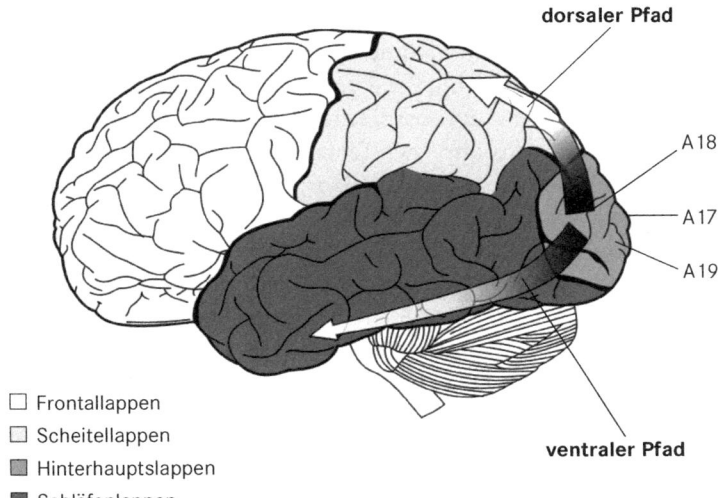

- ☐ Frontallappen
- ☐ Scheitellappen
- ■ Hinterhauptslappen
- ■ Schläfenlappen

Abb. 1: Kortexareale, die beim Wortlesen eine Rolle spielen

zu einem Buchstaben) und als solche »erkannt«. Dort werden auch Farben und Bewegungen erkannt.

Ausgehend vom sekundären visuellen Kortex werden zwei kortikale Pfade der weiterführenden visuellen Informationsverarbeitung unterschieden, die man nach ihrer neuroanatomischen Lokalisation (1) als dorsalen parietalen Pfad bzw. (2) als ventralen temporalen Pfad bezeichnet. Der *dorsale Pfad* verläuft (nach oben) zum hinteren Scheitellappen (Parietalkortex) und ist an sich auf die Bewegungs- und Raumwahrnehmung spezialisiert. Er führt beim Lesen zum dorsalen Lesesystem, wo die visuellen Informationen über die Wortform mit dem in diesen Arealen vorhandenen Wissen über Orthographie, Semantik und Phonologie der Wörter verknüpft werden. Die für das Lesen besonders wichtige Buchstaben-Laut-Konvertierung findet dort statt. Der *ventrale Pfad* verläuft (nach unten) zum Schläfenlappen (Temporalkortex) und ist auf die rasche Objekterkennung spezialisiert. Beim Lesen führt die ventrale Route zum ventralen Lesesystem, das der schnellen automatischen Worterkennung dient.

Beide Pfade werden parallel durchlaufen. Gleichzeitig werden also über den dorsalen Pfad die Schriftzeichen in einzelne Laute umgewandelt, die anschließend synthetisiert werden müssen, um das Wort erkennen und aussprechen zu können – und über den ventralen Pfad wird ohne den (einzel-)lautsprachlichen Umweg versucht herauszufinden, was die Wortform bedeutet und wie man das Wort ausspricht. Ist ein Wort bereits bekannt, führt der ventrale Pfad schneller zum Ziel. Die Verarbeitungsstränge enden im Stirnlappen (Frontallappen), wo die visuell aufgenommenen und phonetisch rekodierten Informationen in der phonologischen Schleife des Arbeitsgedächtnisses präsent gehalten werden. Auch die nicht durch einen visuellen Wahrnehmungsvorgang, wie beim Lesen, sondern auditiv aufgenommenen sprachlichen Informationen gelangen übrigens in diese phonologische Schleife, die im Modell des Arbeitsgedächtnisses von Alan Baddeley eine wichtige Rolle spielt. Wir werden im Zusammenhang mit den Leseschwierigkeiten darauf zurückkommen (▶ Kap. 7). Stanislas Dehaene beschreibt die Natur der phonologischen Schleife beim Lesen als eine Art Pufferspeicher, der zum Lautieren einer Buchstabenfolge im Geiste benötigt wird, um letztlich das ganze Wort aussprechen zu können. Etwa 300 Millisekunden nachdem ein Wortgebilde auf die Retina projiziert worden ist, sind frontale Areale der Großhirnrinde aktiviert, die gar nicht mehr für die visuelle Wahrnehmung spezifisch sind, sondern für die Verarbeitung von Sprache überhaupt.

Neurokognitive Modelle sprechen in Bezug auf den Leseprozess in diesem Zusammenhang von insgesamt drei Lesesystemen: Zunächst einmal von den beiden bereits erwähnten Systemen, also dem dorsalen (oberen) Lesesystem, das für die Buchstaben-Laut-Konvertierung zuständig ist, und dem ventralen (unteren) Lesesystem, das der automatischen Worterkennung dient. Im Zwei-Wege-Modell des Wortlesens werden wir auf diese beiden Systeme im Detail zurückkommen. Dort sind übrigens die Bezeichnungen des sublexikalisch-indirekten Zugangswegs für die dorsale Route und des lexikalisch-direkten Zugangswegs für die ventrale Route gebräuchlich. Für die artikulatorischen Prozesse während des Lesens – das Analysieren und innerliche Artikulieren der Lautstruktur der gelesenen Wörter – wird im Allgemeinen ein drittes Lesesystem verantwortlich gemacht, das anteriore (vordere) Lesesystem.

Dass die Neurobiologie des Lesens enge Bezüge zur neuronalen Verarbeitung der gesprochenen Sprache aufweist, ist daran ersichtlich, dass das für die *Sprachproduktion* bedeutsame Broca-Areal Teil dieses letztgenannten anterioren Lesesystems ist. Und das für die *Sprachrezeption* bedeutsame Wernicke-Areal ist Teil des dorsalen Lesesystems.[2] Vor allem zu Beginn der Leseentwicklung spielt das dorsale Lesesystem eine dominierende Rolle, um die Buchstaben-Laut-Verbindungen zu erschließen, zu automatisieren und zu nutzen. Später wird das ventrale Lesesystem zunehmend bedeutsamer, weil größere orthographische Muster und ihre phonologischen Repräsentationen nunmehr direkt aus dem Langzeitgedächtnis abgerufen werden können. Unteraktivierungen bzw. Dysfunktionen des oberen (dorsalen) und des unteren (ventralen) Lesesystems gelten als neurobiologische Basis einer Lese-Rechtschreibstörung.

Redundanzen erleichtern das Textverstehen. Deshalb fassen wir das bislang Gesagte nochmals zusammen: Die auf der Retina befindlichen Sinneszellen geben das durch die Lichtreize projizierte Bild eines Wortgebildes an das Gehirn weiter. Über eine Reihe von Zwischenstationen gelangen die als elektrische Impulse kodierten visuellen Informationen in das Areal des primären visuellen Kortex im hinteren Schädelbereich. Aus Helligkeitsunterschieden und (überdeutlich geschärften) Kanten des Wahrnehmungsobjekts resultiert dort die Wahrnehmung gerader, schräger und gebogener Linien bzw. eines ganzen Linienmusters.

Diese Mustererkennung ist beim Lesen die erste Wahrnehmungsleistung des visuellen Systems! Dass die Muster im Falle

---

2 Das linkshemisphärisch im Frontallappen verortete Broca-Areal ist bedeutsam für die Sprachproduktion, ist aber auch an der Sprachwahrnehmung beteiligt (motorisches Sprachzentrum). Eine Schädigung des Broca-Areals führt zum Verlust der Sprechfähigkeit (Broca-Aphasie). Das im Schläfenlappen verortete Wernicke-Areal ist für das Sprachverständnis bedeutsam (akustisches Sprachzentrum). Hier sind Informationen über die Phonologie und die Bedeutung der Wörter gespeichert. Bei einer Schädigung des Wernicke-Areals wird die gehörte Sprache in ihrem Sinngehalt nicht mehr verstanden (Wernicke-Aphasie).

des Wortlesens in sekundären und tertiären Arealen des visuellen Kortex als Buchstaben erkannt werden, ist die zweite Wahrnehmungsleistung. Sie wird von übergeordneten kognitiven Prozessen top-down beeinflusst, z. B. davon, wie verlässlich der Prototyp eines Buchstabens bereits im Gedächtnis gespeichert ist und davon, ob sich ein Buchstabe im Kontext eines (sinnvollen) Wortes befindet. Als Wortüberlegenheitseffekt bezeichnet man in diesem Zusammenhang den Umstand, dass wir einzelne Buchstaben schneller erkennen, wenn sie in einem Wortkontext stehen. Weil es ein mentales »visuelles Lexikon« gibt, in dem die Schriftwörter, die wir bereits kennen, als Sichtwörter abgelegt sind, kommt es zu diesem Vorteil. Damit ist die dritte Wahrnehmungsleistung – die Worterkennung – bereits angesprochen. Wer schon lesen kann, erkennt im visuellen Wortformareal des Hinterhauptslappens, einem der höheren sekundären visuellen Areale, das als Sitz des visuellen Lexikons gilt, die Abfolge aus Buchstaben auf einen Blick – als Wort. Dass das Wort eine Bedeutung hat und dass sich die Wortbuchstaben mit Sprachlauten verbinden lassen, ist die vierte Wahrnehmungsleistung, die das visuelle System beim Lesen vollbringt – bei zuvor unbekannten Wörtern allerdings nur, sofern das alphabetische Prinzip bereits erlernt worden ist und eine Übersetzung der Schriftzeichen in Laute dadurch möglich. Sie macht erforderlich, dass weitere kortikale Areale an der Informationsverarbeitung beteiligt werden, z. B. die zur Sprachproduktion benötigten. Lesen ist also viel mehr als visuelle Informationsverarbeitung!

Kompliziert? Eigentlich schon, oder? Dabei ist es nur ein verkürzter Ausschnitt dessen, was uns die Neurobiologie des Sehens über einen Teilaspekt des Lesevorgangs, nämlich die Buchstaben- und Worterkennung, mitzuteilen hat. Die entscheidenden Leistungen, die wir beim Lesen erbringen, haben mit den Augen gar nichts mehr zu tun, sondern mit den Arealen des Sehzentrums, die an den verschiedenen Orten der Großhirnrinde lokalisiert sind und mit weiteren kortikalen Arealen, vor allem solchen, die mit der Verarbeitung von Sprachlauten und Sprache zu tun haben. Auf dem visuellen Kortex werden Lichtbalken allerdings nur dann als Bestandteile von Buchstaben erkannt, wenn man zuvor gelernt hat, dass ein bestimmtes Muster gerader und gebogener Linien für bestimmte Buchstaben typisch ist. Buchstaben erkennen kann nur, wer Buchstaben bereits kennt. Ein neues Wort lesen kann nur, wer bereits das alphabetische Prinzip beherrscht, wer also weiß, dass die visuell wahrgenommenen Buchstaben eine Entsprechung in den Lauten der gesprochenen Sprache finden.

Wortlesen

Soweit zur Neurobiologie. Aus kognitionspsychologischer Sicht lässt sich der Prozess des Wortlesens im Sinne eines *Zwei-Wege-Modells* vereinfacht folgendermaßen beschreiben: Auf dem ersten Zugangsweg, der auch als Weg des direkten Zugriffs oder als *lexikalischer Weg* bezeichnet wird, wird eine Wortform zusammen mit ihrer Wortbedeutung und -aussprache direkt erkannt, weil im orthographischen Lexikon und damit verbunden im phonologischen und im semantischen Lexikon bereits entsprechende Einträge für das ganze Wort vorhanden sind. Auch der Begriff des Sichtwortschatzes ist in diesem Zusammenhang gebräuchlich. Oben wurde dieser erste Zugangsweg als ventrale Route bezeichnet. Manchmal wird auch der Ausdruck *Dekodieren* verwendet, wenn es um die Charakterisierung der direkten »ganzheitlichen« Worterkennung geht. Ein wenig führt dieser letzte Ausdruck allerdings in die Irre, denn auch bei der direkten Worterkennung muss natürlich ein Umkodieren der visuellen Wortformen in ihre lautlichen Entsprechungen erfolgen.

Auf dem zweiten Weg, der als indirekter oder sublexikalischer Zugriffsweg bezeichnet wird, bedarf es zur Worterkennung einer kleinteiligen phonologischen Vermittlung über die Anwendung der erlernten Buchstaben-Laut-Zuordnungsregeln (Graphem-Phonem-Korrespondenzregeln). Oben wurde dies als dorsale Route bezeichnet. Die phonologische Vermittlung bezeichnet man als *Rekodieren,* weil eine Rücktransformation der geschriebenen in die gesprochene Sprache vorgenommen wird. Das Wort wird buchstabenweise lautierend erlesen, wobei die mentale Aktivierung der Phoneme und ihr Zusammenschleifen (Synthetisieren) nicht nur die Aussprache des Wortes, sondern auch seine semantische Analyse befördert.

Normalerweise ist beim Lesenlernen dieser *sublexikalische Weg* zunächst der dominante. Nur so können im Übrigen auch Nichtwörter (Kunstwörter) gelesen werden. Geübte Leser erkennen vertraute Wörter natürlich ohne den phonologischen Umweg. Aber auch geübte Leser werden immer wieder auf unvertraute Wörter stoßen, die sich einem direkten Zugriff entziehen und lautierend erlesen werden müssen. Ein flexibler Wechsel zwischen den beiden Zugriffswegen kennzeichnet deshalb das kompetente Lesen. Der australische Psychologe Max Coltheart hat dieses Zwei-Wege-Modell des Wortlesens bereits in den 1970er-Jahren entwickelt und in vielen empirischen Studien untermauert (zusammenfassend: Coltheart, 2007). Er geht davon aus, dass beim Lesen automatisch und simultan beide Lesewege aktiviert werden und dass je nach Wortvorlage der jeweils schnellere das Rennen »gewinnt«. Wie wir später sehen werden, spielt diese Zwei-Wege-Vorstellung des Wortlesens auch für die Didaktik des Leseunterrichts eine Rolle (Abbildung 2).

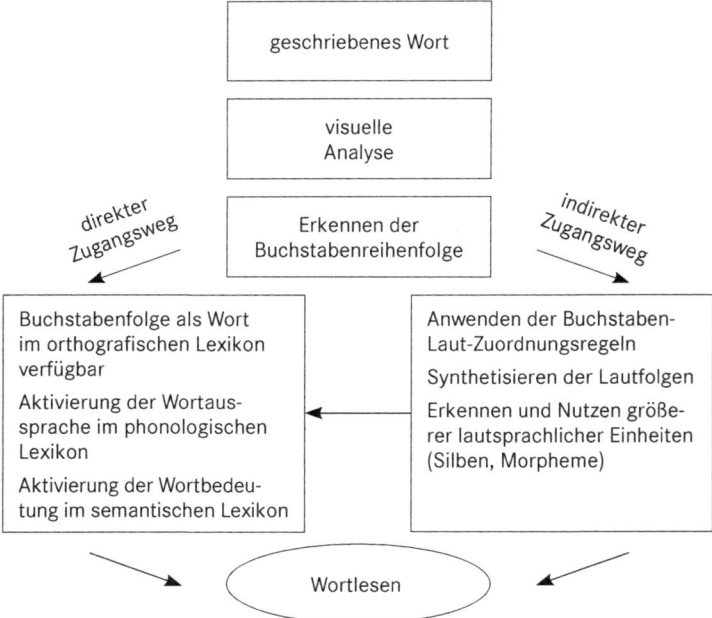

Abb. 2: Zwei-Wege-Modell des Wortlesens (nach Coltheart, 2007)

Textverstehen

Lesen ist aber mehr als Worterkennung. Wortlesen ist allenfalls der Beginn des Leseprozesses. Kompetenzen des Wortlesens sind zwar notwendig, aber bei Weitem nicht ausreichend, um ganze Sätze oder gar Texte zu verstehen. Manche Füllwörter überspringen wir beim Textlesen ganz, andere Wörter müssen wir dafür länger betrachten, zu wieder anderen springen wir mehrmals im Verlauf des Leseprozesses zurück. Gelegentlich fügen wir im Geiste während des Lesens sogar Wörter hinzu, obwohl sie im Text gar nicht vorkamen. Auf der Basis unseres textinhaltlichen Vorwissens und des sprachstrukturellen Wissens über den Wort- und Satzaufbau der deutschen Sprache können wir manches schneller lesen und die Aussage eines ganzen Textes rascher erfassen als man denken würde – oder auch nicht.

In der Deutschdidaktik und in der Kognitionspsychologie ist es üblich, zwischen hierarchieniedrigen (basalen) und hierarchiehohen Teilprozessen zu unterscheiden, wenn man den Lesevorgang näher beschreiben will. Die Bezeichnungen niedrig und hoch sind dabei keinesfalls wertend zu verstehen, sondern allenfalls im Sinne einer Voraussetzungsrelation. Das Wortlesen, aber auch das Verstehen auf der Satzebene, sind Beispiele für *hierarchieniedrige* Prozesse, die bei geübten Lesern in einer hochgradig automatisierten Weise vonstatten gehen – und damit nur noch sehr wenig mentale Energie beanspruchen. Diese Automatisierung ist auch dringend notwendig. Denn nur wer flüssig lesen kann, wer Wörter mühelos, schnell und fehlerfrei erkennt, setzt mentale Ressourcen frei, die für das Textverstehen benötigt werden. Ist diese basale Lesefertigkeit noch unzureichend entwickelt, muss sie dringend gefördert werden (► Kap. 5).

Beispiele für *hierarchiehohe* Teilprozesse sind das Aktivieren und Nutzen von Vorwissen und von Textformatwissen während des Lesens und das Ziehen von Schlussfolgerungen, die über den Text hinausgehen. Die bewusste Anwendung von Lesestrategien, wie z. B. das Verdichten und Hervorheben von Textaussagen, unterstützt die hierarchiehohen Prozesse. Der amerikanische Psychologe Walter Kintsch (1998) hat ein Modell entwickelt, um das Zusammenspiel der hierarchiehohen Teilprozesse zu veranschaulichen. Kintsch zufolge orientiert sich ein Leser zunächst sehr nah am Text, bildet aber dann in seinem Kopf auf ganz individuelle Weise seine eigene Vorstellung darüber, was er gelesen hat. Vereinfacht gesagt unterscheidet Kintsch drei mentale Repräsentationsebenen, die während des Textverstehens eine Rolle spielen – das sind drei (gedachte) Ebenen einer geistigen Textrepräsentation, die durch ganz unterschiedliche Prozesse gekennzeichnet sind und die zu ganz unterschiedlichen Resultaten führen (Abbildung 3).

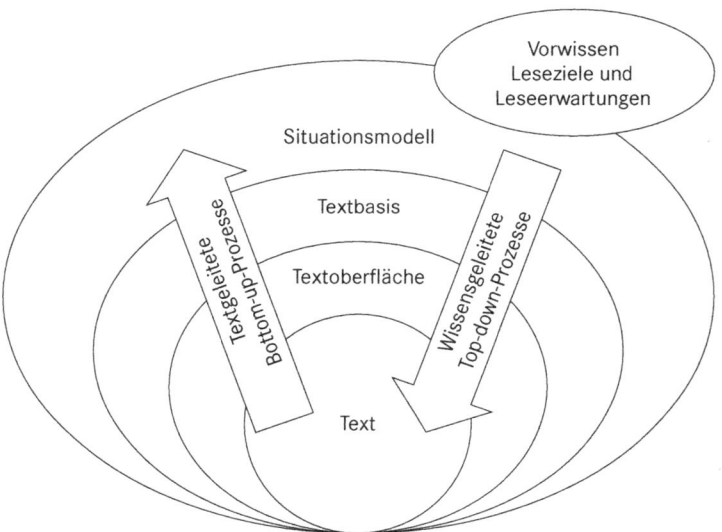

Abb. 3: Lesen als Textverstehen (nach Kintsch, 1998)

Kintsch verortet auf der *unteren Ebene* des Drei-Ebenen-Modells die wortwörtliche Repräsentation eines gelesenen Textes. Dies geschieht, ohne dass man den Inhalt des Gelesenen notwendigerweise verstanden haben muss. Auf der unteren Repräsentationsebene wird der Wortlaut, werden aber auch die Merkmale der Schriftart, -größe und -farbe eines Wortes kodiert. Wenn man sich später erinnert, wo genau auf einer Seite oder auf welcher Seite in einem Gesamttext etwas gestanden hat, rührt das daher, dass es auf der unteren, elementaren Verarbeitungsebene zu einer solchen, fast analogen Repräsentation der *Textoberfläche* gekommen ist – zu einer oberflächlichen Repräsentation der Textvorlage *(Surface Model)*. Auch um flüssig lesen zu können, bedarf es einer mentalen Repräsentation dieser Textoberfläche.

Auf der *mittleren Ebene* seines Modells spricht Kintsch von einer propositionalen Repräsentation. Die entscheidende Leistung besteht nun darin, ausgehend von der Textoberfläche die einzelnen Wörter kognitiv so zu repräsentieren, dass ihre semantischen und syntaktischen Beziehungen untereinander »logisch« zu erschließen sind. Denn Worterkennung allein genügt nicht, um einen Satz zu verstehen. Sätze sind mehr als Ansammlungen von Wörtern, vielmehr enthalten sie eine Tiefenstruktur, die einzelne Wörter zu Satzteilen und Aussagen und diese zueinander in Beziehungen setzt. Auf der propositionalen Repräsentationsebene wird das Wissen über die Wortbedeutungen (Semantik) mit dem Wissen über den Satzaufbau (Syntax) verknüpft, um Inhalte von Sätzen und von ganzen Texten zu verstehen. So entstehen bedeutungstragende Mikrostrukturen und es resultieren lokale Kohärenzen – das ist ein Verstehen des Gelesenen auf der Satzebene. Makrostrukturen bzw. globale Kohärenzen entstehen erst, wo Propositionen ganzer Textabschnitte miteinander verknüpft werden. Auf diese Weise resultiert eine zweite Ebene der kognitiven Repräsentation – die *Textbasis (Text-Base Model),* die zwar noch immer nah am Text ist, aber bereits losgelöst von der wortwörtlichen Repräsentation der Textoberfläche.

Für die *höchste* Repräsentationsebene hat Kintsch den Begriff des *Situationsmodells (Situation Model)* oder des mentalen Modells verwendet. Damit ist gemeint, dass es ausgehend von der Textbasis zu einer hochgradig idiosynkratischen mentalen Repräsentation eines Textinhalts kommt, welche zwar textseitig die Textbasis zum Ausgangspunkt hat, jedoch leserseitig von den Erwartungen und Lesezielen sowie vom Vorwissen der Leserinnen und Leser beeinflusst ist. Denn es ist ein denkendes und handelndes Subjekt, welches einen Text liest. Text- und Weltwissen des Lesers und der jeweilige Leseanlass werden dabei mit der Textbasis so verknüpft, dass eine kohärente und stimmige, aber durchaus individuelle Vorstellung davon entsteht, was ein Text aussagen will. Bei diesen Verstehensprozessen spielt auch der Einsatz von Lesestrategien eine wichtige Rolle (▶ Kap. 6).

Die drei mentalen Repräsentationsebenen werden beim Lesen – so die Theorie – nicht sukzessiv, sondern parallel durchlaufen. Walter Kintsch hat ein Wechselspiel von Konstruktions- und Integrationsprozessen als Triebfeder des Verstehensprozesses betrachtet. *Konstruktion* meint, dass aus der Textoberfläche die Bedeutung von Sätzen und Textabschnitten *bottom-up* (aufsteigend) extrahiert wird und in propositionaler Form als Textbasis für die weiteren Verarbeitungsprozesse zur Verfügung steht. Es geht bei diesen textseitig getriebenen Konstruktionsprozessen um das Erkennen und Herauslösen der wesentlichen Textinformationen aus der Textvorlage und um das Streben nach lokaler und globaler Kohärenz. Je umfangreicher das textinhaltsbezogene Vorwissen eines Lesers und je mehr ein Leser über sprachstrukturelles Wissen verfügt, desto leichter lässt sich Bedeutung extrahieren. *Integration* meint hingegen, dass das kohärente Ganze möglichst stimmig erscheinen und möglichst widerspruchsfrei zum Vorwissen eines Lesers und/oder zum Leseanlass passen soll. Für die Integrationsprozesse wird deshalb von einer *top-down* Verarbeitung ausgegangen, bei welcher die bereits vorhandenen Wissensbestände so in die Textbasis eingebracht werden, dass sie globale Kohärenz ermöglichen.

Nun verstehen wir auch, dass es mit den hierarchiehöheren Top-down-Teilprozessen und mit unserem Wissen über den Wort- und Satzaufbau der deutschen Sprache zu tun hat, dass geübte Leser sogar eine Textoberfläche wie die folgende aonnrdug vOn bhesbtucAn, diE vlilög uSniinng eRishenct, lseEn Kneönn.

> **Gut zu wissen: Drei Repräsentationsebenen des Textverstehens**
>
> Beim Lesen entsteht im Kopf des Lesers ein mentales Modell des Gelesenen. Einer Theorie von Walter Kintsch (1998) zufolge geschieht dies auf drei unterschiedlichen Repräsentationsebenen. Dass der gerade gelesene Satz BEIM LESEN ENTSTEHT IM KOPF DES LESERS EIN MENTALES MODELL DES GELESENEN nunmehr gänzlich in Versalien (Großbuchstaben) geschrieben ist, interessiert allenfalls auf der untersten dieser drei Repräsentationsebenen – auf der Ebene der *Textoberfläche*. Die mentale Repräsentation in Versalien oder in *Schreibschrift statt in Druckschrift* ist ein wenig ungewohnt und man benötigt etwas

mehr Zeit für die Worterkennung als bei der vertrauten Schriftart Times New Roman.

Auf der Ebene der *Textbasis,* der zweiten Repräsentationsebene beim Lesen, werden die erkannten Wortbedeutungen und das Wissen über die Syntax der deutschen Sprache genutzt, um die grundlegenden Wortbeziehungen unter den zwölf unterschiedlichen Wörtern zu formalisieren. So wird die propositionale Struktur des gelesenen Satzes in Form von Prädikat-Argument-Strukturen abgebildet. Im Beispielsatz wären das sehr einfache Propositionen wie ENTSTEHEN(MODELL) oder LESER(KOPF) oder MODELL(MENTALES), aber auch propositionale Verknüpfungen wie etwa ENTSTEHEN(MODELL, MENTALES, KOPF). Die Schriftart spielt für die Repräsentation der Textbasis keine Rolle mehr. Allerdings orientiert sich auch die zweite Repräsentationsebene noch eng an der Textvorlage.

Auf der Ebene des *Situationsmodells* wird gänzlich von der Textvorlage abstrahiert. So entsteht eine mentale Repräsentation, die völlig unabhängig von der Wortfolge, ja selbst von der Wortwahl des Ausgangstextes ist. Für den Beispielsatz könnte das mentale Modell eines sachkundigen Lesers etwa so aussehen: »Dritte Ebene des Kintsch-Modells des Textverstehens«. Es kann auch sein, dass der gelesene Satz eine bildliche Vorstellung des Kintsch-Modells auslöst, die der Leser kennt. Wer den Satz ohne großes Vorwissen liest, kommt vielleicht zu folgender mentaler Repräsentation: »Im Gehirn entstehen Vorstellungen des Textes«. Wo es zu Schwierigkeiten kommt – wenn etwa die Bedeutung des Wortes MENTALES nicht vertraut ist –, wird ein Leser Verstehensstrategien einsetzen, um die Wortbedeutung zu ermitteln.

Wolfgang Lenhard (2013) hat die niedrigen und höheren kognitiven Teilprozesse des Lesens anschaulich in einem vereinfachenden zweigeschossigen Rahmenmodell zusammengefasst (Abbildung 4).[3] Len-

---

[3] Lenhards zweigeschossiges Rahmenmodell der acht Teilprozesse des Lesens integriert unterschiedliche theoretische Ansätze. Deshalb werden hier die Adjektive »hoch« und »niedrig« nicht unbedingt so verwendet, wie es in den referierten Modellen der Fall ist.

hard greift dabei die bereits erwähnten theoretischen Überlegungen des amerikanischen Psychologen Walter Kintsch (1998) auf und verknüpft sie mit den Annahmen zum Zwei-Wege-Modell des Wortlesens. Die beiden basalen Prozesse des Rekodierens und Dekodierens sind im Rahmen des Zwei-Wege-Modells von Coltheart (2007) bereits als indirekter bzw. direkter Zugangsweg zur Worterkennung thematisiert worden. Sie gehören zu den hierarchieniedrigen Teilprozessen des Lesens im *Untergeschoss* in Abbildung 4. Die anderen sechs Prozesse in Lenhards Rahmenmodell stehen in der Tradition des Kintsch-Modells – zwei davon lassen sich ebenfalls als hierarchieniedrige Prozesse auffassen. In der Terminologie Walter Kintschs sind das Prozesse auf der zweiten Repräsentationsebene – der Ebene der Textbasis –, die zur Stiftung lokaler Kohärenzen beitragen. Gemeint ist das Erkennen der Beziehungen zwischen Wörtern und das Erkennens von sprachlichen Bindegliedern zwischen Sätzen oder Satzteilen. Die hierarchiehohen Teilprozesse sind im *Obergeschoss* angesiedelt. In der Terminologie Walter Kintschs führen sie zum Aufbau eines Situationsmodells, also zur Stiftung globaler Kohärenzen. Dazu müssen Schlussfolgerungen gezogen werden, die über einen Text hinausgehen, kognitive und metakognitive Lesestrategien eingesetzt und bei alledem das Vorwissen sowie das Textformatwissen eingebracht werden. Wichtig zu betonen, dass all diese Teilprozesse während des Lesevorgangs parallel und nicht etwa sukzessive ablaufen.

Abb. 4: Teilprozesse des Lesens (nach Lenhard, 2013, S. 15)

Sprache und Schrift

Kleinkinder erlernen die Regelhaftigkeit einer Sprache ohne besondere Unterweisung, sofern sie einen ausreichenden sprachlichen Input erhalten. Ausreichend muss dieser Input sowohl in Bezug auf seinen Umfang als auch in Bezug auf die Qualität sein. Wenn die Kinder in die Schule kommen, verfügen sie normalerweise bereits über umfängliche Erfahrungen mit der Lautstruktur einer Sprache und über einen produktiven Wortschatz von 2.000 bis 3.000 Wörtern. Der rezeptive Wortschatz ist vier- bis fünfmal so groß. Auch die wichtigsten Strukturen der Grammatik beherrschen sie bereits – auch wenn sie die Regelhaftigkeiten nicht explizit formulieren können.

Schriftsprache ist graphematisch kodierte Sprache. Der Erwerb der Lese- und Schreibfertigkeiten nimmt seinen Anfang nicht erst im Grundschulunterricht, sondern baut auf sprachlichen und anderen Vorläuferfertigkeiten auf, die sehr viel früher erworben werden, z. B. dann, wenn Eltern ihren Kindern vorlesen, gemeinsam mit ihnen singen oder reimen. Dass sprachliche und schriftsprachliche Kompetenzen eng miteinander zusammenhängen, ersieht man daran, dass viele Vorschulkinder mit einer spezifischen Sprachentwicklungsstörung im Schulalter eine Lese-Rechtschreibstörung entwickeln und dass sich unter den Schulkindern mit einer diagnostizierten Lese-Rechtschreibstörung viele befinden, die als Kleinkinder bereits eine verzögerte Sprachentwicklung aufwiesen. Zweisprachig aufwachsende Kinder, die aufgrund eines späten Erwerbsbeginns eine geringere Kontaktdauer mit der deutschen Sprache aufweisen, sind beim Schriftspracherwerb benachteiligt – sofern nicht frühzeitig mit einer kompensatorischen Sprachförderung begonnen wurde.

Leicht einzusehen, dass ein größerer Wortschatz das Lesenlernen erleichtert. Wer mit dem Wort »Federball« beim Sprechen unfallfrei hantieren kann, wer weiß, wofür es steht und wie es in den Plural gesetzt wird, wird sich beim Lesen des Wortes leichter tun. Viele Wissenschaftler sind der Auffassung, die formalen lautsprachlichen Kompetenzen seien eine entscheidende Voraussetzung für den Schriftspracherwerb. Wer erkannt hat, dass die Laute (Phoneme) einer Sprache die entscheidenden Sprachbausteine sind, wer ähnlich klingende Phoneme gut voneinander unterscheiden kann und wer Laute der gesprochenen Sprache beliebig manipulieren kann, um neue Wörter hervorzubringen oder vertraute Wörter zu verändern, der – so die Annahme – ist beim Schriftspracherwerb entscheidend im Vorteil. Und tatsächlich spielt die phonologische Informationsverarbeitung beim Erlernen des alphabetischen Prinzips eine große Rolle – auch wenn gelegentlich darüber gestritten wird, welcher Stellenwert einer vorschulischen Förderung der phonologischen Bewusstheit – einer Bewusstheit für die Lautstruktur von Sprache – zugemessen werden soll. Für die Rechtschreibentwicklung scheinen die phonologischen Kompetenzen übrigens noch wichtiger zu sein als für das Lesen.

Sinnvollerweise geht ohnehin beides – das Verständnis für Phoneme und das Erlernen der Buchstaben – beim Schriftspracherwerb Hand in Hand. Entscheidend ist jedenfalls, dass die Kinder erkennen, dass die Buchstaben (Grapheme) regelhaft mit den Lauten (Phonemen) einer Sprache in Beziehung stehen.

Fazit

Im ersten Kapitel wurde dargelegt, dass visuelle Wahrnehmungsprozesse zwar der Ausgangspunkt des Lesens sind, dass aber Wörter nur gelesen werden können, wenn das grundlegende Prinzip der Graphem-Phonem-Zuordnungen verstanden und erlernt worden ist. (Laut-)sprachliche Kompetenzen müssen also vorhanden sein, damit schriftsprachliche erworben werden können. Kompetente Leser sind allerdings auf die lautsprachlichen Transformationsprozesse gar nicht mehr angewiesen, weil sie vertraute Wörter direkt erkennen. Kompetente Leser nutzen auch sprachstrukturelles Wissen, Lesestrategien, Weltwissen und textinhaltliches Vorwissen, um Texte zu verstehen und zu behalten.

2 Wie Kinder lesen lernen

Weil die deutsche Buchstabenschrift – wie andere Alphabetschriften auch – vornehmlich auf einem phonologischen System beruht, also auf einer regelhaften Zuordnung der Schriftzeichen (Grapheme) zu den Lautklassen (Phoneme) der gesprochenen Sprache, ist es für das Lesenlernen außerordentlich wichtig, dass nicht nur die Buchstaben und ihre Verbindung zu den Lauten erlernt werden, sondern dass die grundlegenden Fähigkeiten zur *phonologischen Informationsverarbeitung* überhaupt vorhanden sind. Das heißt erstens, dass die Kinder in der Lage sein müssen, Sprachlaute als solche zu erkennen und zu unterscheiden. Das heißt zum zweiten, dass eine Art der Lautbewusstheit (phonologische Bewusstheit) vorhanden ist, die eine Zerlegung (Analyse) von Wörtern in Lauteinheiten und ein Zusammensetzen (Synthese) von Lauteinheiten zu Wörtern möglich macht und dabei ein Empfinden dafür hervorbringt, dass größere lautliche Einheiten ähnlich klingen können (sich reimen), obgleich sie verschieden sind. Und, dass sich Wörter in Silben aufgliedern und Silben zu Wörtern zusammenfügen lassen. Wer mit Lauten hantieren kann – so die Annahme – wird auch Grapheme in Phoneme konvertieren und diese Phoneme beim lautierenden Erlesen eines Wortes wieder zum Wortklang zusammensetzen können.

Drittens gehört zur phonologischen Informationsverarbeitung ein funktionstüchtiges phonologisches Arbeitsgedächtnis, um die lautsprachlichen Informationen mental so lange präsent zu halten, wie es für die Verarbeitungsprozesse zur Worterkennung nötig ist. Und viertens wird auch die Geschwindigkeit des Abrufs lautlicher Repräsentationen aus dem Langzeitgedächtnis als Teil der phonologischen Informationsverarbeitung betrachtet, also die Schnelligkeit, mit der eine Wortform erkannt und ausgesprochen werden kann.

Für das (Wort-)Lesenlernen sind mithin beileibe nicht nur die in ► Kap. 1 behandelten visuellen Wahrnehmungsprozesse konstitutiv, sondern es bedarf der Fähigkeit zur Wahrnehmung und Verarbeitung von Sprache überhaupt. Graphem-Phonem-Korrespondenzen können nur erlernt werden, wenn die Lautsprache bereits beherrscht wird. Wenn im Unterricht Buchstaben eingeführt werden, lenkt dies notwendigerweise die Aufmerksamkeit auf die Laute, die mit ihnen verknüpft sind. Können die Laute der gesprochenen Sprache bereits voneinander unterschieden, zerlegt und synthetisiert werden, so kann leichter ein Verständnis für die Buchstaben erwachsen, die mit den Lauten assoziiert sind.

Drei-Phasen-Modell des Lesenlernens

Die Entwicklungspsychologin Uta Frith (1985) unterscheidet zwischen einer voralphabetischen, einer alphabetischen und einer orthographischen Entwicklungsphase des Wortlesens. In der ersten, der voralphabetischen Entwicklungsphase, können Vorschulkinder lediglich die wenigen ihnen bereits bekannten Wörter direkt (wieder-)erkennen und aussprechen, also gewissermaßen als Gesamtbild »lesen«. Man bezeichnet die voralphabetische auch als *logographische Phase*. Im Wesentlichen handelt es sich beim Lesen in der logographischen Phase um eine ganzheitlich-visuelle Wahrnehmungsleistung ohne Buchstabenkenntnis. Ein Wortbild wird als Ganzes anhand seines hochvertrauten Umrisses (wieder-)erkannt, ohne dass das Grundprinzip der alphabetischen Schrift – die Graphem-Phonem-Zuordnung – dabei zur Anwendung kommt. Der eigene Vorname sowie gängige Markenbezeichnungen (Logos) wie LEGO, HARIBO, Schleich, Coca Cola oder playmobil, werden auf diese Weise bildlich direkt erkannt und »gelesen«, nicht zuletzt, weil die vertraute graphische Aufmachung eines Logos das Erkennen und Aussprechen zusätzlich erleichtert.

Gut zu wissen: Logos lesen

Das logographische Lesen ist nur eine Vorstufe des Lesens. Denn selbst wenn sich die Vorschulkinder an vertrauten Anfangsbuchstaben als den hervorstechenden visuellen Merkmalen des Wortbilds orientieren, wie z. B. beim Lesen eines Straßennamens oder eines Türschildes, lesen sie nicht wirklich. Zwar mag der mit dem Anfangsbuchstaben assoziierte Anlaut das Aussprechen eines Wortes ermöglichen – die anderen Buchstaben bzw. die mit ihnen verbundenen Laute werden aber in der Regel gar nicht mehr gelesen, sondern hinzugeraten, wie man an den typischen Lesefehlern in der logographischen Phase leicht erkennt. Oft kommt es nämlich zu Vertauschungen und Verlesungen, weil die Kinder einen Anfangsbuchstaben zwar richtig erkennen, dann aber ein Wort lesen, das mit der Wortvorlage gar nichts zu tun hat, sondern einem ihnen vertrauten Wort mit dem gleichen Anfangsbuchstaben entspricht.

Unbekannte Wörter können Kinder erst in der zweiten, der alphabetischen Phase, erlesen, wenn sie die Buchstaben des Alphabets bereits kennen und in der Lage sind, die einzelnen Grapheme eines Wortes in die zugehörigen Phoneme zu übersetzen. Sobald sie dazu fähig sind, haben sie das alphabetische Prinzip begriffen. Die Fähigkeit zur Graphem-Phonem-Übersetzung und zum Zusammenschleifen (Synthetisieren) der Phoneme beim Wortlesen ist der Wesenskern des Erlernens einer alphabetischen Schrift. Üblicherweise beginnt die *alphabetische Phase* mit dem Erstleselehrgang in der ersten Jahrgangsstufe und erstreckt sich über einige Monate.

Gut zu wissen: Lauttreue beim Lesen und Schreiben

Oma	O-m-a
Apfel	A-pf-el
Fabrik	Fa-b-rik
Fahrrad	F-arat
Zähne	Ts-e-ne
bequem	be-kw-em

Bei lautgetreuen Wörtern – also bei Wörtern, die man so schreibt, wie man sie spricht, und so spricht, wie sie in ihrer Buchstabenfolge daherkommen – ist die alphabetische Lesestrategie, die man auch als phonologische Strategie bezeichnet, zielführend. Bei nicht lautgetreuen Wörtern kommt es beim Anwenden der alphabetischen Strategie natürlich zu Lesefehlern und beim Schreiben zu Schraibfelärn. Die alphabetische Strategie folgt der phonologischen, sublexikalisch-indirekten Route im Sinne des oben skizzierten Zwei-Wege-Modells. Weil in der alphabetischen Phase gezielt die phonologische Lesestrategie des lautlichen Rekodierens vermittelt wird, wird man im Erstleseunterricht sinnvollerweise mit lautgetreuen Wörtern beginnen, die sich leichter lesen (und schreiben) lassen.

Schon im Verlauf der alphabetischen Phase werden im orthographischen Lexikon zunehmend *Sichtwörter* gespeichert; das sind Wörter, die man schon oft gelesen hat. Sie werden künftig aufgrund ihres Erscheinungsbildes auf dem direkten Zugangsweg erkannt – also ohne den phonologischen Umweg. Auch nicht lautgetreue Wörter finden, wenn sie häufig gelesen wurden, Eingang in den Sichtwortschatz des orthographischen Lexikons. Das ist besonders wichtig, weil sie über die lautsprachliche Route regelgeleitet gar nicht erschlossen werden können.

In der *orthographischen Phase,* die üblicherweise im Anschluss an den Erstleseunterricht am Ende der ersten oder zu Beginn der zweiten Jahrgangsstufe erreicht wird, wird die alphabetische Lesestrategie ergänzt und überlagert durch die Nutzung orthographischen Wissens. Denn die Kinder erwerben in der orthographischen Phase (implizites) Wissen über Morphologie und Syntax der Schriftsprache überhaupt. Ihr Leseprozess basiert nun auf zunehmend größeren Einheiten als nur auf der Erkennung von einzelnen Buchstaben-Laut-Kombinationen und von Einzelwörtern. Sie lesen nun auf der Silben- statt auf Buchstabenebene, nutzen ihr morphematisches Wissen und beziehen auch die Nachbarwörter in den Leseprozess mit ein. Wenn nötig, wird allerdings weiterhin auf die indirekte Lesestrategie des alphabetischen Lesens zurückgegriffen. Die orthographische ist wie die alphabetische eine indirekte, regelbasierte Lesestrategie. Nur basiert sie eben nicht mehr auf der Anwendung basaler Graphem-Phonem-Korrespondenzregeln, sondern auf der

Analyse größerer Schrifteinheiten und auf dem (meist impliziten) Wissen über die Besonderheiten von kurzen und langen sowie betonten und unbetonten Vokalen und Konsonanten.

> **Gut zu wissen: Von Phonemen, Morphemen und Graphemen**
>
> Phoneme sind als Klassen einzelner Laute (Phone) die kleinsten bedeutungsunterscheidenden Klangeinheiten der gesprochenen Sprache – jedes gesprochene Wort setzt sich aus einer Reihe von Einzellauten zusammen. Im Deutschen gibt es, je nach Zählweise, ca. 40 *Phoneme*.
> Buchstaben sind Schriftzeichen für Sprachlaute. Alphabetische Buchstabenschriften, wie z. B. die lateinische oder die griechische, beruhen auf einer regelhaften Beziehung zwischen den Klangeinheiten und den Schriftzeichen. Die kleinste bedeutungsunterscheidende graphische Einheit der geschriebenen Sprache, der ein Phonem zugeordnet werden kann, bezeichnet man als *Graphem*. Meist ist dies ein einzelner Buchstabe, es kann aber auch eine ganze Buchstabenfolge nötig sein, um einen Laut zu repräsentieren (wie z. B. <sch>). Ein Graphem ist die schriftliche Repräsentation eines Phonems. Im Deutschen gibt es 20 Konsonantengrapheme und neun Vokalgrapheme.
> Zur Verschriftung der Lautsprache werden den Phonemen Grapheme zugeordnet – die Zuordnungsregeln, nach denen dies geschieht, werden in der alphabetischen Stufe des Leseunterrichts erlernt. Eine besondere Problematik beim Lesen- und Schreibenlernen besteht darin, dass die Korrespondenz zwischen den Graphemen und den Phonemen nicht perfekt ist: Im Deutschen stehen den 29 Graphemen ca. 40 Phoneme gegenüber! Die Rechtschreibung des Deutschen orientiert sich allerdings nicht nur an phonematischen, sondern auch an morphematischen Prinzipien.
> Die Morphologie beschäftigt sich mit der Wortgestalt. *Morpheme* sind die kleinsten Spracheinheiten, denen eine Bedeutung oder eine grammatische Funktion zugeordnet ist. Die meisten Morpheme sind Grundmorpheme, die man zur Bildung komplexer Wörter verwendet. Oft werden auf diese Weise Wörter aus anderen Wörtern gebildet. Es gibt unterschiedliche Wortarten, die sich nach morpho-syntak-

> tischen Kriterien z. B. in flektierbare (Nomen, Verben, Adjektive, Artikel, Pronomen), in artikelfähige (Nomen) sowie in steigerbare (Adjektive) unterteilen lassen. Es gibt Flexionsregeln für unterschiedliche Wörter und Wortklassen. Wie Wortfolgen funktional zu verstehen sind, ist eine Frage der Syntax. Sprache ist also mehr als Worterkennung! Erst die Kenntnis der Kombinationsregeln von Wörtern bzw. Wortgruppen zu Satzstrukturen und Sätzen macht Sprache aus. Die Semantik (Lexikologie) beschäftigt sich mit der Bedeutung von Wörtern (Becker-Mrotzek, 2018).

Im Verlauf der orthographischen Phase kommt es zu einer erheblichen Erweiterung des Sichtwortschatzes, weil immer mehr Wörter, die schon häufig gelesen wurden, nunmehr direkt erkannt werden und nicht länger indirekt erlesen werden müssen. Das Wortlesen verläuft dadurch zunehmend sicherer und der gesamte Leseprozess gewinnt an Geschwindigkeit: Es wird flüssiger gelesen. Geübte Leser sind nur noch selten auf lautsprachliche Transformationen angewiesen, weil sie viele Wörter bereits kennen – oder anhand ihres morphologischen Wissens über den Wortaufbau leicht erschließen können. In der orthographischen Phase ist der lexikalische (direkte) Zugangsweg der dominante. Auf den regelbasierten (indirekten) Zugangsweg wird eigentlich nur dann zurückgegriffen, wenn ein gänzlich unbekanntes Wort auftaucht.

Zu Schwierigkeiten kann es im Entwicklungsverlauf sowohl auf dem direkten als auch auf dem indirekten Zugangsweg kommen. Die in der Grundschuldidaktik weit verbreitete analytisch-synthetische Methode des Leseunterrichts setzt über die Vermittlung von Buchstabenwissen und über das Einüben des Zusammenschleifens (Synthese) und Heraushörens (Analyse) von Lauten auf das rasche Erlernen der alphabetisch-phonemischen Strategie und damit zunächst einmal auf den indirekten Zugangsweg. Eine Reihe von Kindern ist damit überfordert und greift auf allerlei Ausweichstrategien zurück, z. B. auf das voralphabetisch-logographische Lesen bzw. auf das Lesen nach Anfangsbuchstaben und auf Ratestrategien beim Wortvervollständigen. Andere langweilen sich, weil sie das alphabetische Prinzip bereits beherrschen, wenn sie in die

Schule kommen. Regelrechte orthographische Strategien werden meist frühestens im zweiten Schuljahr vermittelt. Probleme mit den orthographischen Strategien werden jene Kinder bekommen, die das alphabetische Prinzip noch nicht hinreichend gut beherrschen und nur wenig lesen, denn der Erwerb und die Nutzung orthographischen Wissens, z. B. über Morpheme und andere funktionale Einheiten, setzen voraus, dass bereits alphabetisch gelesen werden kann, und dass auch gelesen wird.

Vom Wortlesen zum Textverstehen

Wenn Wörter und Sätze flüssig gelesen und auf der lokalen Ebene verstanden werden, resultiert dann nicht automatisch ein Situationsmodell – eine kohärente mentale Repräsentation des Textinhalts, der da gelesen wurde? Ganz so automatisch geht das nicht. Natürlich ist eine sichere und schnelle Worterkennung eine wesentliche Voraussetzung dafür, dass ein geistiges Abbild eines Textinhalts entsteht. Und ebenso ist dafür Wissen über die Morphologie und Syntax der Sprache notwendig und hilfreich – und für das flüssige Lesen auf Wort- und Satzebene ohnehin.

Aber das Textverstehen hängt nicht nur davon ab, dass die hierarchieniedrigen Prozesse funktionieren. Um zu einer mentalen Repräsentation eines gelesenen Textes im Sinne von Kintschs Situationsmodell zu gelangen, müssen die Sätze und Textabschnitte zum eigenen Vor- und Weltwissen in Bezug gesetzt werden. Das wird umso eher gelingen, je umfänglicher solche Wissensbestände bereits vorhanden sind. Zudem lassen sich globale Kohärenzen leichter herstellen, wenn Lesestrategien eingesetzt werden, um das Verstehen und Behalten des Gelesenen zu erleichtern. Die Fähigkeit, das eigene Leseverstehen selbst zu überwachen und zu steuern, und solche Lesestrategien gewinnbringend einzusetzen, entwickelt sich erst zu Beginn der Sekundarstufe, auch wenn es einzelne Verstehens- und Behaltensstrategien gibt, die schon Dritt- oder Viertklässler erlernen können.

Hinzu kommen weitere Teilprozesse. So spielt es für das Textverstehen und -behalten eine bedeutsame Rolle, aus welchem Anlass und mit welcher Zielsetzung ein Text gelesen wird und ob ein Leser über Textformatwissen, Wissen über Darstellungsstrategien und über literarische Sprachfiguren (z. B. über Ironie) verfügt. Im Sinne von Kintschs Konstruktions-Integrations-Modell handelt es sich bei diesen Teilprozessen um Top-down-Prozesse, weil sie vom (Vor-) Wissen des Lesers ausgehend auf der Textbasis operieren und zur mentalen Repräsentation des Gelesenen beitragen. In steter Wechselwirkung mit den von der Textbasis ausgehenden Bottom-up-Prozessen, die zu Erwartungen und Hypothesen in Bezug auf Darstellungsstrategien und Sprachfiguren überhaupt erst Anlass geben.

Wie gute Leser lesen

Soweit zur Entwicklung des Lesens. Und wie lesen fortgeschrittene Leser – Leseexperten wie Sie und ich? Maryanne Wolf (2010) hat dies anhand einer Zeitleiste der neurokognitiven Leseprozesse zu skizzieren versucht, einer Zeitleiste allerdings, die nur bedingt geeignet scheint, weil viele dieser Prozesse in Wirklichkeit nicht linear-seriell, sondern parallel und rekursiv verlaufen. Lesen Sie bitte zunächst den folgenden Satz, der 19 Wörter, 103 Buchstaben und zwei Satzzeichen umfasst:

Dass Berliner andernorts mit Quark oder Creme statt mit einer Konfitüre gefüllt sind, finden die Berliner gar nicht lustig.

Viele werden während des Lesens kurz zum ersten Berliner-Wort zurückgesprungen sein, um sich der unterschiedlichen Lesarten (Wortbedeutungen) zu versichern. Fünf bis acht weitere Fixationen auf die Sehgrube des Auges, den Bereich des schärfsten Sehens, wird es während Ihres Leseprozesses gegeben haben, um die 19 Wörter visuell zu erfassen – also kurze Augenblicke der Fixation, die von kleinen ruckartigen Augenbewegungen (Sakkaden) ausgelöst wurden (► Kap. 1). Auch gute Leser brauchen unterschiedlich lang, um diesen Satz zu lesen. Maryanne Wolf geht vereinfachend von einem kompetenten, aber nicht allzu schnellen Leser aus, dessen Lesegeschwindigkeit bei etwa 120 bis 150 Wörtern pro Minute liegt. Jedes einzelne Wort wird ein solcher Leser demnach 400 bis 500 Millisekunden lang betrachtet haben. Innerhalb der ersten 100 Millisekunden dieser Zeitspanne konzentriert sich die Hirnaktivität auf die Areale der primären Sehrinde, wo die Linien und Kanten des auf die Netzhaut projizierten Wahrnehmungsobjekts aufgrund ihrer visuellen Merkmale als Schriftzeichen repräsentiert werden. Buchstabenmuster und ganze Wörter werden nach etwa 150 Millisekunden im okzipital-temporalen Wortformareal (A37) aktiviert – und möglicherweise wird bereits hier eine gesamte Wortform als bekannt erkannt (ventrale Route). Wortbedeutung und -aussprache werden dann assoziativ aktiviert. Parallel ist aber auf der Ebene der Schriftzeichen bereits die phonologische (dorsale) Route aktiviert worden, um jene mit den zugehörigen Lauten und die Orthographie eines gesamten Wortes mit seiner Lautgestalt zu verknüpfen. Für besonders vertraute Wörter des Beispielsatzes wie »mit« oder »sind«, ist die Verarbeitungszeit sehr kurz. Für andere Wörter kann es weitere 100 bis 350 Millisekunden in Anspruch nehmen, bis die semantischen und phonologischen Prozesse abgeschlossen sind. Weil Lesen mehr als Worterkennung ist, kommt es nach etwa 200 Millisekunden zum Einbezug syntaktischer und morphologischer Verarbeitungsprozesse, an denen wiederum völlig andere Hirnregionen beteiligt sind. Denn geübte Leser nutzen bereits bei der Worterkennung den gesamten Satzkontext, in dem ein Wort steht.

Lesen und Schreiben

Die Lese- und die Schreibentwicklung beeinflussen sich wechselseitig – das wichtigste Bindeglied ist dabei die phonologische Verarbeitung der sprachlichen Informationen. Schrittmacher ist üblicherweise zunächst das Lesen und später das Schreiben! Im Stufenmodell von Uta Frith (1985) wird das so beschrieben: Wenn beim (logographischen) Lesen zunehmend mehr Wörter allein aufgrund ihres Anfangsbuchstabens richtig erkannt werden, begünstigt dies die Strategie des direkten (logographischen) Schreibens solcher Wörter – eines Schreibens der Wörter aus dem Gedächtnis heraus. Anders verhält es sich in der alphabetischen Phase. Dort begünstigt ein höheres Entwicklungsniveau des Rechtschreibens, das sich bereits an Phonem-Graphem-Korrespondenzen orientiert, die Entwicklung des alphabetischen Lesens. In der orthographischen Phase übernimmt wiederum das Lesen die Schrittmacherfunktion. Kompetentes Lesen auf der Basis größerer Einheiten, in Kenntnis und unter Nutzung morphematischer und orthographischer Strukturen und mit einer höheren Zugänglichkeit zu den benötigten Sichtwörtern, begünstigt die Entwicklung des orthographischen Schreibens.

Schreiben nach Diktat kann demnach die Lesekompetenz verbessern, weil es über die phonologischen Verarbeitungsprozesse – durch die Phonemanalyse und über die phonologische Bewusstheit – mit dem Lesen verbunden ist. Durch Rechtschreibübungen wird zudem im mentalen Lexikon ein Schatz von Lernwörtern angelegt, deren korrekte Schreibweise und Aussprache direkt abgerufen werden kann. Natürlich kann auch das Lesen – wie bereits gezeigt wurde – die Entwicklung der Rechtschreibkompetenz positiv beeinflussen, aber längst nicht so stark wie anders herum (Rosebrock & Nix, 2017). Häufiges Lesen erweitert allerdings den Sichtwortschatz und auf diese Weise auch das Repertoire an direkt zugänglichen Lernwörtern, die man für die korrekte Verschriftung benötigt.

> **Gut zu wissen: Laut Lesen und Schreiben**
>
> Leseanfänger müssen laut lesen, damit sie über das Abhören des selbst Gelesenen der Stimmigkeit ihrer Graphem-Phonem-Zuordnungen gewahr werden und damit die Synthese (das Zusammenschleifen) von Lauteinheiten zunehmend besser gelingt. Zunächst bilden sie dabei Worthypothesen und schließlich, oft erst nach mehrmaligem Erlesen, kommt es zur Worterkennung. Lautlos (im Kopf) gelesen wird erst später. Beim Schreiben lernen ist Ähnliches zu beobachten. Anfangs begleiten die meisten Kinder ihre Schreibübungen lautierend. »Simeon, schreib leiser!«, klagt die siebenjährige Anna, der das halblaute Mitsprechen des Sitznachbarn beim schreibmotorischen Vollzug auf die Nerven geht.

Auf die Entwicklung und auf Störungen des (Recht-)Schreibens wird in diesem Buch nicht eingegangen – in den bereits erwähnten Monographien von Schneider (2017) und Scheerer-Neumann (2015) wird dies ausführlich behandelt. Nur so viel: In einer Reihe von Aspekten ähnelt die Entwicklung des Rechtschreibens der Entwicklung des

Lesens – so unterscheidet man ebenfalls zwischen einem direkten und einem indirekten Zugangsweg zur Schreibweise eines Wortes. In anderer Hinsicht gibt es weniger Parallelitäten. Für das Rechtschreiben scheint beispielsweise den phonologischen Kompetenzen, wie dem phonetischen Rekodieren und der phonologischen Bewusstheit, eine noch größere Bedeutung zuzukommen als für das Lesen. Das hängt damit zusammen, dass die deutsche Sprache in Leserichtung transparenter und eindeutiger ist als in Schreibrichtung, dass es uns also vergleichsweise leichter fällt, einem der 29 Grapheme rasch den passenden Laut zuzuordnen als einem der 40 Phoneme das richtige Schriftzeichen. Beim Lesen werden gleiche Buchstaben in aller Regel auch in gleicher Weise lautiert. Beim Schreiben kann man sich weniger sicher sein, dass es für eine akustisch wahrgenommene Lautfolge tatsächlich nur eine einzige graphematische Kodierung gibt. Zumal es beim Rechtschreiben stets auf die genaue Reproduktion der gesamten Buchstabenreihenfolge ankommt, während beim Lesen eine weitere Detailanalyse unterbleiben kann, sobald das Wort erkannt ist. Rechtschreiben ist deshalb schwieriger als Lesen. Wir werden in ▶ Kap. 7 darauf zurückkommen. Im Englischen ist die Orthographie sehr viel weniger transparent und eindeutig als im Deutschen. Die gleichen Schriftzeichen können je nachdem, in welchem Wortkontext sie vorkommen, ganz unterschiedlich ausgesprochen werden. Der Erwerb der Lesekompetenz dauert dort deshalb länger als bei deutschsprachigen Kindern.

Fazit

Im zweiten Kapitel wurde ein Phasenmodell der Leseentwicklung vorgestellt – alle Kinder durchlaufen beim Lesenlernen diese Phasen. Entscheidend für das Lesenlernen auf der Wort- und Satzebene sind dabei die alphabetische und die orthographische Phase, in denen auf der Grundlage erkannter Regelhaftigkeiten zwischen den Sprachlauten und den Schriftzeichen bzw. aufgrund des erworbenen Wissens über Wort- und Satzstrukturen eine basale Lesekompetenz erworben wird. Die Entwicklung des Textverstehens baut auf einer schnellen und sicheren Worterkennung auf.

3 Was das Elternhaus dazu beiträgt

Weil das Lesenlernen in der ersten Jahrgangsstufe auf einer Reihe von Vorläuferfertigkeiten aufbaut, die im Kleinkindalter erworben werden, und weil die Familie die wichtigste Lernumwelt der Kinder ist, rückt auch das Elternhaus in den Blick, wenn es um das Lesenlernen geht.

Eltern können die spätere Leseentwicklung ihrer Kinder bereits im Vorschulalter stimulieren, indem sie schriftsprachliche Anregungen geben – also etwa vorlesen oder gemeinsam mit ihren Kindern ein Bilderbuch lesen. Eltern können zum Lesen motivieren, indem sie vermitteln, wozu man das Lesen braucht und wie wichtig ihnen selbst das Lesen (und Schreiben) ist. Indem Eltern selbst viel lesen, können sie durch ihr Vorbildverhalten die Kinder zur Nachahmung anregen. Allerdings gibt es in manchen Familien gar keine Bücher und kaum gemeinsame Tischgespräche. Manche Eltern sprechen nur wenig mit ihren Kindern, hören ihnen zu wenig zu und lesen ihnen nicht vor. In drei von zehn Familien mit Kindern im Vorlesealter wird nicht oder kaum vorgelesen. Väter lesen viel seltener vor als Mütter. Das Vorleseverhalten hängt mit dem Sozialstatus und dem Bildungsniveau der Eltern zusammen.

Eltern fördern die sprachliche Entwicklung ihrer Kinder, indem sie viel mit ihnen sprechen. Einer häufig zitierten Studie zweier amerikanischer Psychologen zufolge hat ein Mittelschichtkind in seinen ersten Lebensjahren etwa 30 Millionen Wörter mehr gehört als ein Unterschichtkind (Hart & Risley, 1995). Ein größerer Wortschatz der Kinder und eine günstigere Entwicklung ihrer sprachlichen Fähigkeiten sind unmittelbare Folge dieses höheren elterlichen Sprachinputs. Die Kehrseite: Der geringere Wortschatz der weniger privilegierten Kinder beeinträchtigt die Entwicklung ihrer Lesekompetenzen in erheblichem Maße. Als »frühe Katastrophe« bezeichnen deshalb die beiden Autoren diese Diskrepanz (»The 30 Million Word Gap by Age 3«) in einer späteren Publikation.

Aber nicht nur die Wortarmut der Unterschichtkinder ist problematisch. Es fehlen ihnen auch die Begriffe und Konzepte, für welche die Wörter stehen, es fehlt das Verständnis für unterschiedliche Textformen und für sprachliche Ausdrucksmittel sowie für die Wortformen und für die syntaktischen Formen. Es mangelt an grammatischen Kompetenzen, die für das Verstehen von Sätzen und von Geschichten notwendig sind.

Familiäre Lesesozialisation

Schon in den 1960er-Jahren hatte der Frankfurter Soziologe Ulrich Oevermann (1968) auf die Bedeutsamkeit schichtspezifischer sprachlicher Sozialisationsprozesse für die Sprachentwicklung und für den schulischen Lernerfolg von Kindern hingewiesen. Bereits in den frühen Stadien der Sprachentwicklung sei ein negativer Milieueinfluss durch das typische Elternhaus der Unterschicht deutlich nachweisbar, der eine sprachliche Verarmung der Kinder zur Folge habe. In Anlehnung an die soziolinguistische Theorie des englischen Soziologen Basil Bernstein hat man die sprachlichen Defizite der benachteiligten Kinder mit dem Begriff des *restringierten Codes* umschrieben. Damit sind ein geringerer Wortschatz, eine eingeschränkte Verwendung von Adjektiven und Adverbien und eine geringere Komplexität syntaktischer Formen gemeint. Demgegenüber zeichnet sich ein *elaborierter Code,* wie er Kindern der Mittel- und Oberschicht in ihrer familiären Sozialisation vermittelt wird, durch einen größeren Wortschatz, eine komplexere Syntax und eine differenziertere Ausdrucksweise aus. Mit den sprachlichen Defiziten gehen Probleme beim Lesen- und Schreibenlernen einher. Für zweisprachig aufwachsende Kinder, deren familiäre Situation nicht selten durch ein Zusammentreffen sozialer und bildungsbezogener Risikolagen sowie durch einen unzureichenden sprachlichen Input in der späteren (deutschen) Unterrichtssprache geprägt ist, kumulieren die Benachteiligungen.

Vor allem in der Familie wird die Lust auf Lesen geweckt – oder auch nicht. Frank Niklas (2014) hat zusammengefasst, welche Aspekte der familiären Lernumwelt und welche kulturellen Praktiken, Einstellungen und Erwartungen der Eltern für die Sprachentwicklung und für den Schriftspracherwerb besonders wichtig sind – und welche Fördermaßnahmen Erfolg versprechen, wenn es darum geht, ungünstige häusliche Lernumwelten auszugleichen. Anregungsreiche häusliche Lernumwelten zeichnen sich demnach durch ein höheres Ausmaß und durch eine höhere Qualität alltäglicher Gespräche aus, durch das gemeinsame Hören und Singen von Liedern sowie durch ein höheres Ausmaß, eine höhere Qualität und einen früheren Beginn des elterlichen Vorlesens.

Die Vorlesehäufigkeit, die positive mütterliche Einstellung zum Lesen, aber auch explizite elterliche Unterstützungsleistungen beim Buchstaben lernen und beim gemeinsamen lauten Lesen wirken sprach- und schriftsprachförderlich – vor allem im Hinblick auf die Entwicklung des Wortschatzes und des Hörverständnisses. Das *Vorlesen,* das gemeinsame Bilderbuchlesen und das Geschichtenerzählen verbessern aber nicht nur die sprachlichen Fähigkeiten, sondern fördern auch die Vorstellungskraft und das Einfühlungsvermögen der Kinder. Reim- und Wortspiele unterstützen die Entwicklung der phonologischen Bewusstheit. Idealerweise führt das elterliche Vorlesen zu weiteren sprachlichen Interaktionen. Als dialogisches Vorlesen wird eine Form des Vorlesens bezeichnet, bei der solche Interaktionen förmlich angestrebt werden, indem etwa Verständnisfragen eingefügt, Antworten des Kindes wiederholt und erweitert werden und indem zu Vorhersagen über den möglichen Fortgang einer Geschichte angeregt wird.

Gut zu wissen: Frühes Vorlesen

Je früher Eltern mit dem Vorlesen beginnen, desto günstiger wirkt sich dies auf die Entwicklung der sprachlichen Fähigkeiten der Kinder aus. Niklas, Cohrssen, Taylor und Schneider (2016) haben dies im Rahmen einer deutsch-australischen Studie herausgefunden. Neben dem Alter des Kindes beim ersten Vorlesen kommt es im Hinblick auf die Wirksamkeit allerdings auch auf die Qualität und die Häufigkeit des Vorlesens an. Die größten Effekte auf den Wortschatz und auf die phonologische Bewusstheit sind dann zu erwarten, wenn mit dem Vorlesen bereits vor dem zweiten Geburtstag begonnen wird.

Die dialogische Situation, die individuelles Nachfragen und zusätzliche Erläuterungen zulässt, ist dem unbegleitet passiv-rezeptiven Hören von Kinderhörbüchern weit überlegen, vom Vorteil gegenüber dem unbegleiteten Fernsehen gar nicht zu reden. Fernsehen regt die Vorstellungskraft von Kindern weniger an als das Zuhören beim Vorlesen einer Geschichte. Beim Vorlesen und Erzählen erfahren Kinder im Übrigen nicht nur etwas über den Inhalt einer Geschichte, sondern auch über den Menschen, der sie vorliest oder erzählt. Die so erfahrene Mündlichkeit bahnt die spätere Schriftlichkeit.

Zur literalen Sozialisation in den Familien gehört auch, dass es im Haushalt überhaupt Bücher und Bilderbücher gibt und dass Eltern mit ihren Kindern eine öffentliche Bibliothek besuchen, um Bücher auszuleihen. Wenn Fahrpläne, Zeitungen, E-Mails, Rezepte oder Einkaufszettel im Beisein der Kinder gelesen werden, macht dies den Kindern deutlich, wie wichtig der Umgang mit Schrift im Leben ist. Maximilian Pfost (2017), der empirische Befunde zum gemeinsamen Buchlesen im Vorschulalter zusammengefasst hat, hält sogar die Verwendung elektronischer Multimedia-Bücher für hilfreich.

Arne Ulbricht (2016) gibt Anregungen, was und wie Eltern am besten vorlesen. Auf seine konkreten Lektüreempfehlungen kann hier aus Raumgründen nicht eingegangen werden. Auf zwei besondere Lesetechniken beim Vorlesen aber schon: (1) Um handelnde Figuren voneinander abgrenzen und um Gefühle ausdrücken zu können, ist es hilfreich, beim Lesen einer Geschichte die Stimme zu verstellen, und (2) um das Zuhören zu erleichtern, ist es empfehlenswert, die Lautstärke und die Lesegeschwindigkeit zu variieren. Ein weiterer Tipp ist ebenfalls wichtig: Man sollte das Vorlesen ritualisieren und sich in jedem Fall genügend Zeit dafür reservieren!

Auch was Kindern wichtig ist, weiß man. Mehr als 90 Prozent der Fünf- bis Zehnjährigen haben im Jahr 2016 in einer repräsentativen Befragung der Stiftung Lesen zu Protokoll gegeben, dass es ihnen gut gefallen hat, vorgelesen zu bekommen – vor allem dann, wenn es täglich oder zumindest einmal wöchentlich erfolgte. Sie bezeichnen das als schön, gemütlich und entspannend und erleben es als eine besonders intensive und exklusive Zeit der Nähe mit ihren Eltern. Die Vorlesegeschichten, so die Kinder, müssten allerdings spannend und lustig sein. Wenig geschätzt werden langweilige und Angst machende Geschichten.

Diese und andere Daten über den Vorlesealltag von Familien in Deutschland verdanken wir den mittlerweile zehn Vorlesestudien der Stiftung Lesen (www.stiftunglesen.de/vorlesestudie). Vorsichtig geschätzt ist aufgrund dieser Studien demnach davon auszugehen, dass mindestens 14 Prozent der Vier- bis Achtjährigen gar nicht vorgelesen bekommen. In den übrigen Familien variiert die Vorlesehäufigkeit erheblich. Während 26 Prozent aller Eltern täglich und 44 Prozent immerhin mehrmals in der Woche vorlesen, geschieht dies in 16 Prozent der Familien weniger oft. So jedenfalls die – vermutlich beschönigenden – Auskünfte der Eltern in einer repräsentativen Befragung aus dem Jahr 2013. In der Vorlesestudie 2017 wurden erstmals Mütter und Väter von Kindern unter drei Jahren befragt. Dabei hat sich gezeigt, dass zwar die allermeisten Eltern von der Bedeutsamkeit des frühen Vorlesens überzeugt sind, dass viele Eltern aber dennoch zu spät mit dem Vorlesen anfangen. Sie sind unsicher, wann der richtige Zeitpunkt dafür ist. In drei von zehn Familien wird Kindern unter drei Jahren nicht regelmäßig vorgelesen.

Simone Ehmig und Timo Reuter (2013) haben die Ergebnisse der ersten sechs Vorlesestudien der Stiftung Lesen zusammengefasst. Über das bereits Gesagte hinaus – dass nämlich das frühe Vorlesen die sprachliche Entwicklung der Kinder begünstigt und einen erfolgreichen Schriftspracherwerb wahrscheinlicher macht – sind zwei Befunde besonders interessant: Zum einen, dass das frühe Vorlesen offenbar protektive Wirksamkeit entfaltet und den üblichen pubertären Knick in der Lesefreude und -motivation (»Bücherlesen macht Spaß«) sehr viel geringer als sonst üblich ausfallen lässt. Und zum anderen, dass Kinder und Jugendliche, denen im Vorschulalter häufiger vorgelesen wurde, später bessere Schulnoten erreichen, und zwar nicht nur im Fach Deutsch. Dieser Effekt, der sich unabhängig vom elterlichen Bildungsniveau zeigt, ist besonders deutlich, wenn täglich vorgelesen wurde. Einschränkend ist darauf hinzuweisen, dass es sich bei den Studien der Stiftung Lesen lediglich um punktuelle repräsentative Befragungen handelt und nicht etwa um eine längsschnittlich angelegte Untersuchung, die tatsächlich eine interpretierbare Verlaufsaussage zuließe.

Das Ausmaß des Vorleseeffekts ist schwer zu beziffern. Überdies ist er vermengt mit anderen bildungsförderlichen Sozialisationsbedingungen. Denn qualitativ hochwertige Vorleseinteraktionen finden sich vornehmlich in jenen Familien, die sich ohnehin durch eine Vielzahl weiterer lese- und bildungsförderlicher Sozialisationsbedingungen auszeichnen. Eins kommt so zum anderen. Allein ausschlaggebend ist die familiäre Lernumwelt für die sprachliche und schriftsprachliche Kompetenzentwicklung der Kinder aber natürlich nicht. Einflüsse der Kindertageseinrichtungen, des Freundeskreises und nicht zuletzt die Möglichkeiten und Grenzen, die durch die individuellen Lernvoraussetzungen des Kindes selbst gesteckt werden, kommen hinzu. Familiäre Risikolagen ziehen zwar mit einer größeren Wahrscheinlichkeit eine Beeinträchtigung der Kompetenzentwicklung nach sich – es gibt aber auch eine Reihe von Schutzfaktoren, die den Risiken entgegenstehen. Und es gibt weitere Determinanten der Kompetenzentwicklung, die unabhängig von den hier beschriebenen oder in Kombination mit diesen auf die sprachliche und schriftsprachliche Entwicklung Einfluss nehmen. In Abbildung 5 sind Struktur- und Prozessmerkmale von Familien bzw. von familiären Lernumwelten aufgeführt, die sich auf die Ausprägungen von Vorläuferfertigkeiten des Lesens und auf die spätere Lesekompetenz auswirken. Die Kästchen in der Abbildung sind aufzählend zu verstehen und nicht als Beziehungsgefüge. Skizziert wird nur, welche Aspekte von Familienstrukturen und familiären Praktiken relevant sind und welcher Art die Vorläuferfertigkeiten zu Schulbeginn sind, die für die Entwicklung schulischer Lesekompetenz von Bedeutung sind.

Die Möglichkeiten der Einflussnahme auf die kulturellen Praktiken der Eltern sind begrenzt. Dennoch lohnt es sich, an den familiären Bedingungen möglichst frühzeitig anzusetzen. Niklas und Schneider (2015) haben beispielsweise gezeigt, dass bereits ein informierender Elternabend im Kindergarten in Kombination mit einer Einführung in Techniken des dialogischen Vorlesens zu einer bedeutsamen Verbesserung der sprachlichen Entwicklung (Wortschatz) bei Vorschulkindern führen kann. Noch vor dem Kindergartenalter setzt das bewährte Heidelberger Elterntraining – HET zur frühen Sprachförderung von Anke Buschmann (2011) an, das sich an Eltern Zwei- bis Dreijähriger richtet, die in der Vorsorgeuntersuchung U7

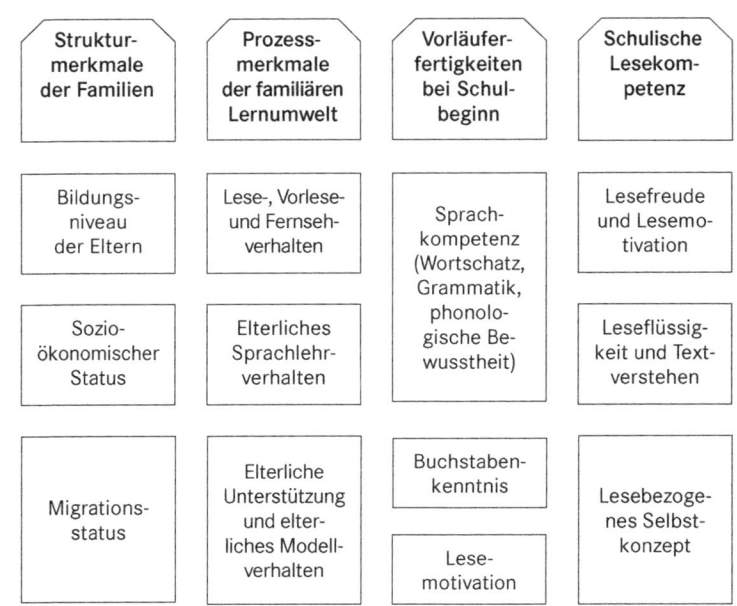

Abb. 5: Familiäre Lernumwelt und Schriftspracherwerb (nach Niklas, 2014)

als späte Sprecher auffällig geworden sind. Im Elterntraining werden die Eltern in das dialogische Bilderbuchlesen eingewiesen und sie erlernen modellierende Sprachlehrstrategien für die alltäglichen sprachlichen Interaktionen.

Nicht ganz so optimistisch stimmen die Befunde zur Wirksamkeit der vorschulischen Sprachförderung in den Kindertageseinrichtungen. Bislang ist weitgehend unklar, welche Sprachförderprogramme wirksam sind und ob sich die spezifischen vorstrukturierten Programme in ihrer Wirksamkeit überhaupt von einer situativ-alltagsintegrierten Förderung unterscheiden. Zu wenig wissen wir auch über die Wirksamkeit einer selektiven und indizierten sprachlichen Förderung, zum Beispiel für die Kinder mit Deutsch als Zweitsprache. Wahrscheinlich bedarf es zunächst einmal einer gründlichen Fortbildung des (elementar-)pädagogischen Personals, um die erzieherischen Kompetenzen zur alltagsintegrierten und zur strukturorientierten Sprachförderung zu verbessern. Für die alltagsintegrierte Sprachförderung in Kindertagesstätten hat wiederum Anke Buschmann mit dem Heidelberger Interaktionstraining – HIT (Buschmann & Jooss, 2011) ein vielversprechendes Konzept zur Erzieherinnenfortbildung vorgelegt.

National und international vergleichsweise gut erforscht ist die Wirksamkeit vorschulischer Trainings zur Förderung der phonologischen Bewusstheit, auch wenn sich die Transfereffekte auf das spätere Lesen und Rechtschreiben im Deutschen weniger ausgeprägt zeigen als in anderen Sprachen (Pfost, 2017; Schneider, 2017, in Druck). Erklärt wird dies mit der vergleichsweise höheren Graphem-Phonem-Korrespondenz in der deutschen Sprache, die es den Kindern ohnehin leichter macht, den schrift-lautsprachlichen Transformationsprozess zu vollziehen.

Phasen der Lesesozialisation

Maik Philipp (2011) spricht aufgrund von lesebiografischen Forschungsbefunden von einem prototypischen Verlaufsschema einer gelingenden Lesesozialisation und unterscheidet dabei verschiedene Phasen, die von der frühen Kindheit bis zum frühen Erwachsenenalter reichen. Nur am Anfang ist die Familie die entscheidende Sozialisationsinstanz – zunehmend spielen die Schule und die Gleichaltrigen eine größere Rolle.

Als *Phase der primären literarischen Initiation* bezeichnet Philipp die Vorschuljahre, die idealerweise durch das regelmäßige Vorlesen und das Erzählen von Geschichten geprägt sind. Der Grundstein einer starken Lesemotivation wird hier gelegt. Das frühe Erfahren und Genießen von Schriftlichkeit motiviert die Kinder, selbst lesen und schreiben zu lernen. Die *Phase des Schriftspracherwerbs* beginnt üblicherweise mit dem Eintritt in die Grundschule, die nun zur dominierenden Sozialisationsinstanz wird. An ihrem Ende steht die Befähigung zum eigenständigen Lesen. Allerdings bedarf es einer systematischen Unterweisung, um die basalen Lesefertigkeiten zu erwerben. Bei anfänglichen Leseschwierigkeiten ist es wichtig, dass es neben den schulischen weiterhin familiäre Unterstützungsangebote gibt. Als »goldenes Lesezeitalter« wird oft die *Phase der lustvollen Kinderlektüre* in der mittleren Kindheit bezeichnet. Da die basalen Lesefertigkeiten der Viertklässler weitgehend automatisiert sind, also meist flüssig gelesen werden kann, macht Lesen Spaß. Dass viele Lieblingsbücher mehrfach gelesen werden, fördert die Automatisierungsprozesse zusätzlich. Es wird vornehmlich intrinsisch motiviert gelesen. Vorausgesetzt, es ist genügend interessanter Lesestoff verfügbar. Neben Anregungen aus der Schule spielen in dieser Phase vor allem die Angebote aus Bibliotheken eine große Rolle. Die *Phase der literarischen Lesekrise,* die mit dem Eintritt in die Pubertät beginnt, beendet diesen paradiesischen Zustand. Nur wenige Kinder sind nicht davon betroffen. Für die anderen ist der kindliche Lesemodus nun nicht mehr zeitgemäß. Viele stellen das Freizeitlesen vorübergehend, manche sogar dauerhaft, ein. Nun ist es wichtig für die Kinder und Jugendlichen, wie sich ihre Freunde und Freundesgruppen in Bezug auf das Lesen verhalten und ob es noch einzelne Lehrpersonen gibt, die einen Zugang finden. Allerdings werden die Lehrpersonen in der Sekundarstufe zunehmend mit dem curricularen, nicht freiwilligen Lesen assoziiert und weniger mit dem privaten, literarisch-vergnüglichen Lesen.

Die Bücher der frühen Kindheit werden in der Lesekrise nicht mehr gelesen und der Sprung zu den Jugendbüchern gelingt nicht immer, was auch an den unzureichenden Lektüreangeboten liegen mag. Wenn jetzt der Literaturunterricht oder die Clique nicht stützend, sondern eher demotivierend wirken, wird kaum noch gelesen. Wo unter den Gleichaltrigen nur andere Printmedien eine Rolle spielen, wird sich der kommunikative Austausch über eine gemeinsame Lektüre kaum behaupten können. Wenig verwunderlich, dass es wiederum mit Merkmalen der Sozialschicht und des Bildungsniveaus zusammenhängt, ob sich ein Kind in Freundschaftsgruppen mit mehr oder weniger ausgeprägter Leseorientierung wiederfindet.

Viele Mädchen überwinden die Lesekrise, indem ihnen im Sinne einer sekundären literarischen Initiation eine Modifikation bzw. eine *Transformation des kindlichen Lesemodus* gelingt. So kommt es zu einem Neustart des intimen literarischen Lesens. Jungen, sofern sie die Lesekrise überhaupt überwinden, wenden sich in der Folge häufiger als Mädchen analogen oder digitalen Sachtexten zu. Ganz unabhängig vom freiwilligen Genusslesen wird natürlich – von den Mädchen wie von den Jungen – in der Schule und privat weiterhin gelesen, um etwas zu lernen (Pflichtlektüre) oder um sich Informationen zu verschaffen (instrumentelles Lesen).

Wenig Beachtung findet in solchen Phasenmodellen der gelingenden Lesesozialisation zum einen, dass in bildungsfernen Elternhäusern oft ganz andere Bedingungen vorherrschen und dass es deshalb zu weiteren Beeinträchtigungen der hier idealtypisch skizzierten Verläufe kommen mag. Denn von der frühen Kindheit bis zur Pubertät haben Kinder aus Mittel- und Oberschichtfamilien eine größere Chance, zu Vielleseren zu werden. Und zum anderen ist zu bedenken, dass es in den herkömmlichen Phasenmodellen der Lesesozialisation im Wesentlichen um das analoge Lesen geht. Erst neuerdings wird thematisiert, dass sich mit der frühen Allgegenwärtigkeit digitaler Medien – vor allem mit der Nutzung von Internet und Smartphone – auch der Prozess der Lesesozialisation insgesamt verändert.

Gut zu wissen: Digitale Texte lesen

Welche kognitiven, kulturellen und sozialen Implikationen mit der Digitalisierung des Lesematerials verbunden sind, ist noch wenig erforscht. Dass sich das Lesen elektronischer Texte in mancherlei Hinsicht vom Printlesen unterscheidet, scheint allerdings evident. Auch ist zu vermuten, dass beim Lesen digitaler Texte zusätzlich andere Kompetenzen eine Rolle spielen als beim Lesen gedruckter Texte. Denn digitale Texte erfordern oftmals in besonderem Maße und in einer für das Medium spezifischen Form die selbstgesteuerte Auswahl, Verarbeitung und Bewertung von Textinformationen – auch etwa die Bewertung der Vertrauenswürdigkeit einer Informationsquelle.

Dass die Performanz Fünfzehnjähriger beim Lesen digitaler Texte signifikant niedriger ist als die Performanz beim Lesen gedruckter Texte, haben Naumann und Sälzer (2017) jüngst anhand einer Zusatzauswertung der deutschen PISA-Daten berichtet. Wie beim Lesen gedruckter Texte sind Mädchen gegenüber Jungen dabei im Vorteil. Für Mädchen wie Jungen gilt: Bessere Leistungen beim Lesen digitaler Texte sind dann zu erwarten, wenn die Schülerinnen und Schüler den neuen Informations- und Kommunikationstechnologien aufgeschlossen gegenüberstehen. Je mehr sich die Jugendlichen zutrauen, desto besser können sie digitale Texte lesen und verstehen.

Fernsehen und andere Medien

Wie schädlich ist ein übermäßiger Fernsehkonsum für die Entwicklung sprachlicher und schriftsprachlicher Kompetenzen? Dazu ist viel geforscht worden und das ist auch gut so, denn nur so können wir die wissenschaftlichen Erkenntnisse den populären Schwarzmalern auf der einen Seite, aber auch den Verharmlosern auf der anderen entgegenhalten.

Negativ wirkt sich offenbar vor allem das frühe Vielsehen auf die Sprachentwicklung aus. Amerikanische Forscher beziffern den Schaden jeder zusätzlichen Stunde Baby-Fernsehens doppelt so hoch wie den Vorteil einer Stunde Vorlesens (Zimmerman, Christakis & Meltzoff, 2007). Die Aussage bezieht sich auf Kleinkinder unter 18 Monaten. Wolfgang Schneider (2017) fasst die Befunde längsschnittlicher Studien zum Zusammenhang zwischen Fernsehkonsum und Lesekompetenzentwicklung so zusammen: (1) Nur für die Vielseher ist ein negativer Einfluss des Fernsehkonsums auf die Leseentwicklung, auf den Wortschatz und auf die phonologische Bewusstheit festzustellen. Und (2): Vor allem zu Beginn der Kompetenzentwicklung hemmt der übermäßige Fernsehkonsum die Entwicklung der Sprach- und Lesefertigkeiten – auch wenn sich die negativen Auswirkungen des frühen Konsums meist erst am Ende der Grundschuljahre sichtbar manifestieren.

Häufigkeit und Intensität des Fernsehkonsums variieren in Abhängigkeit von der Sozialschicht und dem Bildungsniveau des Elternhauses. Wo Kinder in schrift- und bildungsfernen Lebenswelten aufwachsen, wird viel ferngesehen und werden die frühen Fernsehkinder später häufig zu Leseverweigerern. In Mittel- und Oberschichtfamilien ist hingegen das Fernsehen ohnehin nicht das alleinige Leitmedium. Für die Heranwachsenden sichtbar, kommt in solchen Familien dem Lesen von Büchern, Zeitungen und Zeitschriften eine größere Bedeutung zu als dem Fernsehen.

Der Ulmer Kinderpsychiater Manfred Spitzer (2012) hat sich mit pointierter Kritik einer übermäßigen Mediennutzung von Kindern und Jugendlichen einen Namen gemacht. Spitzer fürchtet langfristige und gravierende gesundheitliche Folgen des Medienkonsums, die weit über eine beeinträchtigte Lesekompetenzentwicklung hinausreichen. In der von ihm behaupteten Allgemeinheit lässt sich ein negativer Medieneffekt zwar kaum belegen. Allerdings ist der exzessive, sich zum Suchtverhalten steigernde Gebrauch digitaler Medien (Computerspiele) tatsächlich nachweislich negativ mit der schulischen Leistungsentwicklung verknüpft. Im Übrigen gilt für das Computerspielen wie für die Internet- und Smartphone-Nutzung überhaupt – wie bereits für den Fernsehkonsum resümiert –, dass es ganz entscheidend auf die (zu hohe) Dosis und auf den (zu frühen) Zeitpunkt des Beginns der digitalen Mediennutzung ankommt. Pädagogisch sinnvoll und zur rechten Zeit eingesetzt, können die neuen Medien auch den Lernerfolg befördern.

Mehrsprachig aufwachsende Kinder

Kinder und Jugendliche mit Migrationshintergrund bleiben in ihren sprachlichen und schriftsprachlichen Leistungen meist hinter Gleichaltrigen ohne Zuwanderungsgeschichte zurück. Dafür sind zum einen die vergleichsweise geringere Kontaktdauer mit der deutschen Unterrichtssprache und ein oftmals zu später Erwerbsbeginn dieser Sprache verantwortlich. Zum anderen gelten – wie bereits erwähnt – ein niedriger sozio-ökonomischer Status einer Familie und ein geringeres Bildungsniveau der Eltern, die nicht selten mit einem Migrationshintergrund verknüpft sind, als Risikofaktoren. Der Einfluss eines ungünstigen Bildungshintergrunds überlagert dabei den Einfluss des Migrationshintergrunds. Ihre Wirksamkeit entfalten die strukturellen Herkunftsmerkmale über die familiären Prozessmerkmale. Diese beziehen sich im Hinblick auf die Lesesozialisation vor allem auf die kulturellen Praktiken in den Familien, auf die bildungsbezogenen elterlichen Einstellungen und Erwartungen, auf das implizite und explizite Heranführen an die Schriftlichkeit durch die Eltern und auf ihr Modellverhalten sowie auf das Ausmaß der elterlichen Unterstützung.

Leseschwierigkeiten mehrsprachig aufwachsender Kinder haben meist ihren Ursprung in einer verzögerten (Zweit-)Sprachentwicklung dieser Kinder und der daraus resultierenden Benachteiligung zum Schulbeginn. Ein geringerer Wortschatz, geringere lautsprachliche und metasprachliche Kompetenzen sowie ein geringeres sprachstrukturelles Wissen erschweren das Erlernen des Lesens und Schreibens. Je älter ein Kind zu Beginn des Zweitspracherwerbs ist, desto weniger ähnelt der Erwerbsprozess dem des Spracherwerbs in der Erstsprache. Das ist deshalb ungünstig, weil beim natürlichen Spracherwerb die angeborenen Sprachlernfähigkeiten eine große Rolle spielen und den Kompetenzerwerb erleichtern.

Nur wenn zwei Sprachen innerhalb der ersten beiden Lebensjahre parallel erworben werden, handelt es sich um einen bilingualen Erstspracherwerb, der den gleichen Gesetzmäßigkeiten folgt wie der monolinguale Spracherwerb. Nachteile oder Defizite beim bilingualen Spracherwerb sind dabei nicht zu erwarten, soweit das Ausmaß und die Qualität des sprachlichen Inputs zufriedenstellend sind. Kommt Deutsch als Zweitsprache (DaZ) hingegen erst nach einer gewissen Zeit hinzu, spricht man vom sukzessiven Zweitspracherwerb. Hier kommt es ganz entscheidend auf den Zeitpunkt an: Beginnt der Zweitspracherwerb erst nach dem vierten Geburtstag (DaZ spät), sind nämlich Nachteile des zweisprachigen Aufwachsens zu erwarten. Die Nachteile rühren daher, dass die natürlichen (angeborenen) Sprachlernfähigkeiten, die den Erstspracherwerb befördert haben, nicht mehr vollständig genutzt werden können. Aufgrund des zu späten Erwerbsbeginns und der verkürzten Kontaktdauer mit der deutschen Sprache resultiert beim späten Zweitspracherwerb in aller Regel ein niedrigeres sprachliches Niveau bei der Einschulung. Es sei denn, es wird in den Monaten vor der Einschulung ein erheblicher zusätzlicher Förderaufwand betrieben. Für den frühen Zweitspracherwerb (DaZ früh), mit einem Beginn zwischen dem zweiten und dem vierten Geburtstag, sind solche Nachteile im Allgemeinen nicht zu erwarten.

Eine entscheidende Rolle für den Spracherwerb in der Zweitsprache spielt die in der Familie verwendete Sprache. Wo in den zugewanderten Familien überwiegend oder ausschließlich die Erstsprache gesprochen wird, ist der Erwerb zweitsprachlicher Kompetenz erheblich erschwert. Denn es fehlt den Kindern an wichtigen Lerngelegenheiten jenseits von Kindergarten und Schule. Nicht die Mehrsprachigkeit ist also das Problem, sondern ein unzureichender bzw. zu wenig umfangreicher sprachlicher Input in der jeweiligen Erwerbsphase. Die sprachlichen Defizite der DaZ-Kinder zu Schulbeginn – vor allem jener mit einem späten Zweitspracherwerb – sind beträchtlich. Besonders evident sind dabei der geringere Wortschatz und die geringeren morpho-syntaktischen Kenntnisse. Es bedarf deshalb erheblicher Anstrengungen, um einer Beeinträchtigung der schriftsprachlichen Kompetenzentwicklung entgegenzuwirken.

Wichtig ist allerdings, dass es bei der Diagnostik und Förderung von DaZ-Kindern nicht zu einer Vermischung zweier unterschiedlicher Problemlagen kommt. Sowohl unter den monolingual mit Deutsch aufwachsenden Kindern als auch unter den bilingualen und den DaZ-Kindern gibt es eine vergleichsweise kleine Gruppe mit spezifischen sprachlichen Entwicklungsstörungen. Sie bedürfen nach einer entsprechenden Diagnostik einer besonderen Sprachtherapie. Kinder mit sprachlichen Rückständen, die »nur« aus einem verspäteten Erwerbsbeginn und einer geringeren Kontaktdauer mit der deutschen Sprache resultieren, bedürfen hingegen anderer Sprachfördermaßnahmen. In beiden Fällen müssen die Förderanstrengungen über die Maßnahmen der universellen alltagsintegrierten Sprachförderung hinausgehen.

Fazit

Im dritten Kapitel wurde auf die Bedeutung der Familie für die sprachliche und schriftsprachliche Kompetenzentwicklung von Kindern hingewiesen. Eltern können durch dialogisches Vorlesen im Vorschulalter den Spracherwerb fördern und damit zugleich den Grundstein einer starken Lesemotivation legen. Familien unterscheiden sich allerdings im Hinblick auf die dort vorherrschenden sprach- und leseförderlichen Praktiken erheblich voneinander – und es gibt oftmals ungünstige Rahmenbedingungen des Spracherwerbs in den bildungsfernen Elternhäusern. Wird in den Familien überwiegend oder ausschließlich eine andere als die spätere (deutsche) Unterrichtssprache gesprochen, kommt eine weitere Erschwernis hinzu.

4 Was im Unterricht geschieht

Anders als Sprechen lernt man Lesen nicht ohne eine systematische Unterweisung. Sie ist notwendig, wenn auch in ihrer Intensität nicht immer hinreichend, um den Kompetenzerwerb zu gewährleisten. Damit der Erwerb von Lesefertigkeiten gelingt, müssen wichtige Voraussetzungen auf Seiten der Kinder gegeben sein. Allen voran müssen die Funktionen der visuellen Wahrnehmung und die Gedächtnisfunktionen intakt sein – und die Fähigkeit zur Verarbeitung sprachlicher Informationen!

Die neuro-kognitiven Prozesse, die bei der Worterkennung geübter Leser unbewusst und hochgradig automatisiert ablaufen, müssen in den pädagogischen Praktiken der schriftsprachlichen Unterweisung aufgegriffen und ins Bewusstsein gerückt werden. Kinder müssen Buchstaben erkennen, um sie in Sprachlaute umzuwandeln. Dazu müssen sie eine Empfindung dafür besitzen, was Sprachlaute sind. Entscheidend für das Lesenlernen ist letztlich das Begehen der phonologischen Brücke – die phonologische Entschlüsselung der Schriftzeichen. Die Mühen dieses indirekten Zugangswegs können nicht umgangen werden. Ganz auf die direkte Worterkennung zu setzen – also die Graphem-Phonem-Korrespondenzen gar nicht explizit zu unterrichten – hat sich als Irrweg erwiesen. Als alleinige Strategie ist die direkte Worterschließung über die Ganzwortmethode nicht effizient, weil sie den Kindern den eigentlichen Schlüssel des Lesens vorenthält.

In der Phase des Schriftspracherwerbs ist das Erlernen der alphabetischen Lesestrategie, die man auch als phonologische Strategie bezeichnet, die entscheidende Klippe (▶ Kap. 2). Denn nur über das Verfolgen der phonologischen (indirekten) Route können beliebige, zuvor unbekannte Wörter erlesen werden. Dass die schnelle (direkte) Worterkennung geübter Leser dieses phonologischen Umwegs nicht mehr bedarf, ist erst das Ergebnis unzähliger Leseprozesse auf dem indirekten Weg. Dieses Ergebnis darf nicht vergessen machen, dass der indirekte Weg notwendigerweise zuerst zu beschreiben war. Wie wird er von den Lehrpersonen bereitet? Im Folgenden wird im Rückgriff auf die Darstellungen von Scheerer-Neumann (2015), Schneider (2017) und Schründer-Lenzen (2013) auf die wichtigsten methodisch-didaktischen Ansätze zum Wortlesen eingegangen. Daran anschließend geht es um das weiterführende Lesen.

Lehrmethoden des Wortlesens

Von der Auseinandersetzung über die »richtigen« Methoden des Wortleseunterrichts haben vermutlich selbst diejenigen schon gehört, die sich für Schule und Unterricht nicht sonderlich interessieren. In der bildungsinteressierten Öffentlichkeit werden nicht selten sogar die Befunde aus nationalen Vergleichsstudien, sofern sie für das eine oder andere Bundesland ungünstig ausfallen, als Ausdruck verfehlter methodischer Ansätze im Erstlese- und Schreibunterricht interpretiert. So etwa, wenn der *Spracherfahrungsansatz* oder die Methode *Lesen durch Schreiben,* die in einigen Bundesländern mehr verbreitet sind als in anderen, für eine ungünstigere schriftsprachliche Kompetenzentwicklung in jenen Ländern verantwortlich gemacht wird. Letztmalig war dies im Oktober 2017 bei der Vorstellung der IQB-Bildungstrends 2016 zu beobachten, als offenbar wurde, dass im Teilbereich der Orthographie nur noch 55 Prozent der Viertklässler den Regelstandard erreichen und dass die Unterschiede zwischen den Ländern dabei besonders groß ausfallen.

Dabei hat die Auseinandersetzung um die richtige Methode des Lesen- und Schreibenlernens eine lange Tradition, an die zu erinnern ist, wenn bei den aktuellen Auseinandersetzungen nur alte Methoden in neuem Gewand durchs pädagogische Dorf getrieben werden. Im Wesentlichen unterscheidet man seit jeher zwischen den eher synthetischen und den eher ganzheitlichen Verfahren. Sollen die Kinder Buchstabe für Buchstabe bzw. Laut für Laut ein Wort synthetisch aufbauend erlesen lernen oder sollen sie ganze Wörter als Wortbilder erkennen und speichern?

Bei der ganzheitlichen Lesemethode, die auch als Ganzwortmethode oder als analytische Methode bezeichnet wird, wird vom ganzen Wort (Baum) oder gar von einem kurzen Satz ausgegangen (Karl spielt Ball.). Erlernt und eingeprägt werden über das ganzheitliche Lesen die Wortbilder bzw. Wortgestalten (Merkwörter) sowie Kombinationen solcher Wortbilder. Im Kern kommt die *ganzheitliche Methode* einer künstlichen Verlängerung der voralphabetischen logographischen Phase gleich und damit einem bewussten Hinauszögern der alphabetischen Phase mit ihrer systematischen Erarbeitung von Buchstaben-Laut-Verknüpfungen. Übertragen auf das Zwei-Wege-Modell des Wortlesens setzt die ganzheitliche Methode auf das Nutzen und Beschreiben der direkten, lexikalischen Route. Ganz von der Hand zu weisen ist ein solches Vorgehen nicht, machen doch die 100 meistverwendeten Wörter einer Sprache bereits 50 Prozent eines Normaltextes aus. Der bereits erwähnte französische Neurowissenschaftler Stanislas Dehaene (2012) argumentiert allerdings – wie viele andere auch – gegen die analytische Ganzwortmethode: Zugegebenermaßen sei es für die Kinder und Lehrer zunächst einmal mühsam, zum Zwecke des synthetischen Wortlesens die Graphem-Phonem-Korrespondenzen zu erlernen bzw. zu vermitteln. Aber es zahle sich rasch aus, weil man nur so auch Wörter lesen könne, die man im Unterricht nie gelernt hat.

Bei der *synthetischen Lesemethode* werden die einzelnen Buchstaben als Schriftzeichen nacheinander eingeführt und mit ihren Buchstabennamen sowie -lauten verknüpft. Ausgangspunkt sind also die Buchstaben und nicht die Ganzwörter. Unmittelbar mit der Einführung der Buchstaben verbunden ist eine Verschmelzung (Synthese) der mit ihnen assoziierten Einzellaute zu Silben und Wörtern. Um die Einzellaute leichter identifizieren zu können, bedient man sich der Anlautmethode bzw. so genannter Anlauttabellen. Die Bedeutungserfassung eines gesamten, mehrsilbigen Wortes gelingt durch das schnelle Aussprechen der miteinander verschmolzenen Einzellaute. Schon seit dem 16. Jahrhundert wird die Lautiermethode, also das Synthetisieren von Einzellauten zu Silben und ganzen Wörtern zum Lesenlernen genutzt. Übertragen auf das Zwei-Wege-Modell des Wortlesens entspricht die synthetische Methode dem Beschreiten der indirekten, phonologischen Route.

Als *analytisch-synthetische Verfahren* bezeichnet man eine Kombination der ganzheitlichen mit den synthetischen Verfahren, wie sie in Deutschland seit den 1970er-Jahren meist praktiziert wird. Ausgegangen wird dabei üblicherweise von größeren sprachlichen Einheiten – also von ganzen sinnvollen Wörtern oder Sätzen –, deren Einzellaute zunächst identifiziert (analysiert) und anschließend verschmolzen (synthetisiert) werden. Mit anderen Worten: Es wird mit Ganzwörtern gearbeitet, die allerdings von Beginn an in ihren Graphem-Phonem-Durchgliederungen erfahrbar gemacht werden. Die Objekte, auf die sich die Wörter beziehen, sind zugleich als Bilder bzw. als Abbildungen verfügbar. Die weit verbreiteten Fibellehrgänge sind Beispiele für solche analytisch-synthetischen Ansätze. Fibellehrgänge verknüpfen im Übrigen von Beginn an das Lesen- und das Schreibenlernen. Das scheint auch plausibel, weil sich die beiden Aneignungsprozesse wechselseitig begünstigen und vorantreiben (► Kap. 2). Als nachteilig wird allerdings oft empfunden, dass die herkömmlichen Fibellehrgänge relativ starr aufgebaut sind und ein recht kleinschrittiges Vorgehen beinhalten. Dies wird den unterschiedlichen Lernvoraussetzungen und -geschwindigkeiten der Erstklässler nicht immer gerecht.

> **Gut zu wissen: Fibeln**
>
> Als Fibeln bezeichnet man bebilderte Anfängerlesebücher, in welchen (häufig vorkommende) Wörter entweder nach Anfangsbuchstaben alphabetisch geordnet oder geordnet nach den Anlauten eingeführt werden, um das Erlernen des Wortlesens und -schreibens zu unterstützen. Fibellehrgänge haben eine lange Tradition, die bis in das Mittelalter zurückreicht. Moderne Fibeln verbinden das ganzheitlich-analytische mit dem synthetischen Vorgehen. Ganzheitlich-analytisch, weil das anhand der Abbildung erkannte (und gesprochene) Wortganze der Ausgangspunkt des Leseprozesses ist. Und weil das gesprochene Wort in seine Laute zerlegt wird und die den Lauten korrespondierenden Buchstaben identifiziert werden. Synthetisch, weil die einzelnen Sprachlaute anschließend wieder zum Wort verschmolzen werden.
>
> Neuere Fibellehrgänge integrieren aber nicht nur das ganzheitlich-analytische mit dem synthetischen Vorgehen, sondern sind auch flexibler und offener angelegt als der fibelorientierte Fron-

talunterricht alter Prägung. Schründer-Lenzen (2013) illustriert in ihrer übersichtlichen Darstellung das gesamte Spektrum von den stärker lehrgangsgebundenen bis zu den eher lernwegsorientierten Ansätzen.

Als didaktische Neuorientierungen bzw. als »offene« Methoden gelten vor allem der *Spracherfahrungsansatz* und die Methode *Lesen durch Schreiben*. Im Wesentlichen sind solche Neuorientierungen aus einer Kritik an den herkömmlichen Fibellehrgängen und an der alternativlosen Dominanz der analytisch-synthetischen Methode entstanden. Wie Schründer-Lenzen (2013) zu Recht hervorhebt, ist aber nicht leicht auseinanderzuhalten, ob sich das Unbehagen an den Fibellehrwerken und -materialien selbst oder eher an der damals vorherrschenden frontalen Sozialform des schriftsprachlichen Anfangsunterrichts sowie an den herkömmlichen Auffassungen über Lernen und Lehren überhaupt entzündete. Auffällig ist jedenfalls, dass zeitgleich seit den 1980er-Jahren neben der Pädagogik des Frontalunterrichts auch eine Reihe lerntheoretischer und sprachwissenschaftlicher Annahmen infrage gestellt worden sind und eine Veränderung erfahren haben.

Kennzeichnend für den *Spracherfahrungsansatz* nach Hans Brügelmann sind eine Abkehr vom lehrgangsorientierten linearen Vorgehen der herkömmlichen Fibelmethode und eine Hinwendung zum offenen lernwegsorientierten Unterricht (Brügelmann & Brinkmann, 1998). Brügelmann definiert acht Lernfelder des Schriftspracherwerbs, wie z. B. die Lautanalyse, die Buchstabenkenntnis und die Buchstaben-Laut-Zuordnung, den Aufbau eines Sichtwortschatzes, das Erkennen von Morphemen oder das Erkennen unterschiedlicher Funktionen der Schriftverwendung. Schülerinnen und Schüler bearbeiten diese Lernfelder in hohem Maße individualisiert. Das möglichst frühzeitige freie Schreiben von Texten zu persönlich wichtigen Themen ist ein wichtiges Element der Spracherfahrungsmethode. Rechtschreibfehler werden dabei – ganz ähnlich, wie es auch bei den Übergeneralisierungen im Laufe des Spracherwerbs der Fall ist – als natürliche und notwendige Entwicklungsstufe des Schriftspracherwerbs betrachtet. Sie sind im Anfangsunterricht zu tolerieren.

Die Methode *Lesen durch Schreiben,* die auf den Schweizer Pädagogen Jürgen Reichen zurückgeht, ähnelt dem Spracherfahrungsansatz. Vor dem Lesen lernen die Kinder das Schreiben und als zentrales Hilfsmittel dient dabei eine Anlauttabelle. Auf eine rechtschreibkonforme Korrektur des lautgetreu Geschriebenen achtet die Lehrperson zunächst nicht! Das ist, falls die Vernachlässigung der Rechtschreibung zu lange andauert, nicht unproblematisch, weil sich die richtige Schreibvariante als Speicherwort im semantischen Lexikon so gar nicht etablieren kann. Das selbst Geschriebene, auch wenn es nicht den Regeln der Orthographie entspricht, werden die Kinder – so die Erwartung – auch lesen können. Als unterrichtliche Sozialform wird beim Lesen durch Schreiben ein so genannter Werkstattunterricht präferiert. Belehrt wird möglichst nicht, der Kompetenzerwerb soll weitgehend selbstgesteuert und eher intuitiv vonstattengehen. Strittig ist, wie lange man die Kinder lautgetreu schreiben lassen soll.

Beim Lesen durch selber Schreiben (nicht ganz zutreffend auch als »Schreiben nach Gehör« bezeichnet) handelt es sich einerseits um eine Variante des synthetischen Ansatzes, denn das Erkennen einer Lautabfolge ist die Voraussetzung des lautgetreuen Schreibens. Andererseits ist die Methode ganzheitlich orientiert, weil auf eine systematische Einführung in die Buchstaben-Laut-Verknüpfungen zunächst verzichtet wird. In großen Teilen der Grundschulpädagogik, in der Deutschdidaktik und in der Pädagogischen Psychologie wurde Jürgen Reichens Methode scharf kritisiert – in der pädagogischen Praxis hingegen erfreute sie sich lange Zeit großer Beliebtheit. Die Methode benachteiligt – so lässt sich der Haupteinwand der Kritiker zusammenfassen – vor allem die Kinder mit ungünstigen sprachlichen Lernvoraussetzungen (Funke, 2014; Schründer-Lenzen, 2013; Valtin, 1998).

Wirksamkeit der Lehrmethoden

Die »richtige« Erstlese- und -schreibmethode gibt es nicht. Wie bei allen Lehrmethodenvergleichen ist die Frage nach der richtigen Methode ohnehin falsch gestellt, weil es mehr darauf ankommt, wie gut eine Methode angewandt und ob den zentralen Dimensionen der Unterrichtsqualität (kognitive Aktivierung, konstruktive Unterstützung, Klassenführung) dabei Rechnung getragen wird. Und darauf, ob das didaktische Vorgehen an die unterschiedlichen individuellen Lernvoraussetzungen angepasst ist.

Dennoch hat es eine Reihe empirischer Studien gegeben, in denen die Wirksamkeit der Lese-Lehrmethoden untersucht wurde. Zunächst ging es dabei um einen Vergleich des ganzheitlichen mit dem synthetischen Ansatz, später um Wirksamkeitsprüfungen spezifischer Methoden, wie etwa des Spracherfahrungsansatzes oder der Methode des Lesens durch Schreiben. Wie Schneider (2017) und Schründer-Lenzen (2013) resümierend feststellen, konnte es bei solchen globalen Methodenvergleichen auf längere Sicht eigentlich keinen »Sieger« geben, weil auch bei der (direkten) Ganzwortmethode am Ende dennoch die Graphem-Phonem-Zuordnungsregeln erlernt und beherrscht werden – nur eben deutlich später als es beim synthetischen Ansatz üblich ist. Und weil auch die (indirekte) synthetische Lesemethode letztendlich in das Erkennen und Speichern von Ganz- oder Merkwörtern mündet, ohne den lautsprachlichen Umweg zu beschreiten – nur eben deutlich später als es beim ganzheitlichen Ansatz üblich ist. Wenig überraschend ergeben sich relative Vorteile der einen oder der anderen Methode allerdings zu den unterschiedlichen Zeitpunkten des Kompetenzerwerbs.

Für den Spracherfahrungsansatz und mehr noch für die Reichen-Methode sind die Befunde aus Evaluationsstudien – sofern empirische Studien dazu überhaupt vorliegen – nicht leicht interpretierbar. Das liegt nicht zuletzt daran, dass hier nicht nur eine alternative Lese-Lehrmethode, sondern untrennbar damit verbunden zugleich eine gänzlich andere Unterrichtsphilosophie – der »offene«, lernwegsorientierte Unterricht – auf dem Prüfstand steht. Auch von einer konstruktivistischen Sicht auf das Lernen und Lehren wird in diesem Zusammenhang oft gesprochen, um die Differenz der Lernwegsorientierung zum herkömmlichen lehrer- und lehrgangsorientierten Fibellehrgang analytisch-synthetischer Prägung deutlich zu machen.

Vorteile des Spracherfahrungsansatzes und der Reichen-Methode gegenüber dem lehrgangsorientierten Fibelunterricht lassen sich nicht feststellen. Für Kinder mit schlechteren Lernvoraussetzungen und für Kinder mit einer migrationsbedingt geringeren sprachlichen Kompetenz gilt die Reichen-Methode sogar als nachteilig. Vermutlich liegt dies weniger an der Methode selbst als vielmehr an der Kombination der eigentlichen Methodik mit dem Prinzip der Öffnung des Unterrichts bzw. mit einer geringeren unterrichtlichen Strukturiertheit. Auch aus anderen Zusammenhängen ist nämlich bekannt, dass Schülerinnen und Schüler mit vergleichsweise schlechteren Lernvoraussetzungen von einem strukturierteren unterrichtlichen Vorgehen, von Phasen des systematischen und häufigen Übens und von einem konsequenten Voranschreiten vom Einfachen zum Schwierigeren mehr profitieren als vom entdecken-lassenden Lehren und vom selbstorganisierten Lernen. Allerdings kommt es – wie bereits erwähnt – weniger auf die Unterrichtsmethode an, sondern eher darauf, wie gut eine Lehrperson eine Methode anwendet und wie konsequent sie den unterschiedlichen Lernvoraussetzungen und Lernfortschritten der Kinder dabei Rechnung trägt.

Und was machen die Lehrerinnen und Lehrer im Anfangsunterricht tatsächlich? Das ist so einfach nicht gesagt, denn wirklich bindende Vorschriften, wie im Erstlese- und -schreibunterricht im Detail vorzugehen sei, gibt es nicht. Trotz aller Aufgeregtheiten, die gelegentlich in der Bildungsöffentlichkeit zu beobachten sind, und trotz der vollmundigen Ankündigungen von Bildungspolitikern, die eine oder andere Methode »verbieten« zu wollen.

Im Großen und Ganzen wird sich das methodische Vorgehen der Lehrpersonen daran orientieren, was sie in ihrer Ausbildung gelernt haben und wofür Lehrmaterialien an ihrer Schule verfügbar sind. Oft wird mit Fibeln gearbeitet, die einen analytischen Ganzwort- oder Ganzsatzansatz von Beginn an mit einer phonologisch-synthetischen Vorgehensweise (oft mithilfe von Anlauttabellen) verknüpfen. In aller Regel wird das Lesen- mit dem Schreibenlernen kombiniert werden. So wird ein Wort gleichzeitig zweimal gelernt, einmal rezeptiv, indem es erlesen wird und einmal produktiv im Vorgang des Schreibens. Nur selten – wie etwa in reformpädagogisch orientierten Schulen – wird es noch eine Orientierung an einer starr lehrgangsgebundenen Systematik geben oder gar Festlegungen, ob mit dem Schreiben oder mit dem Lesen zuerst anzufangen sei.

Weiterführendes Lesen

Und nach dem Schriftspracherwerb? Kommt es vor allem darauf an, das Wortlesen und die Leseflüssigkeit zu festigen und fortlaufend weiter zu optimieren (▶ Kap. 5) sowie das Leseverständnis zu fördern (▶ Kap. 6) – und dabei die Aufrechterhaltung der Lesemotivation nicht aus dem Auge zu verlieren. Ziel des weiterführenden Lesens ist das Verstehen von Wortfolgen auf der Satz- und Textebene auf der Basis ihrer semantischen und syntaktischen Besonderheiten und unter Nutzung des formalen und inhaltlichen textstrukturellen und allgemeinen Wissens. Der Inhalt, die Botschaft, das Anliegen eines Textes sollen letztendlich so verstanden werden, dass aus Texten gelernt und über Texte gesprochen (und geschrieben) werden kann.

Dabei wird mit den Methoden und Ansätzen des weiterführenden Lesens bereits in der Grundschule begonnen, und zwar in der zweiten oder spätestens in der dritten Jahrgangsstufe. Cornelia Rosebrock spricht übrigens anders als andere schon sehr früh von einer *ersten Lesekrise*, weil die (langsame) Entwicklung und Vervollkommnung der Selbstlesefertigkeiten in der Alphabetisierungsphase oftmals weit hinter den eigenen Ansprüchen zurückbleiben und weil die dort verwendeten Fibeltexte meist so schlicht sind, dass sie die Kinder inhaltlich kaum befriedigen (Rosebrock & Nix, 2017). Die Mühen des Selbstlesens treten nun an die Stelle des Vorgelesenen und Erzählten. Erst am Ende der zweiten Klasse sind die basalen Leseprozesse hinreichend automatisiert, so dass die meisten Kinder kurze Texte genussvoll lesen können.

Basale Leseprozesse auf der Wort- und Satzebene müssen auch nach dem initialen Erlernen des Wortlesens pädagogisch unterstützt werden. Vor allem bei schwachen Lesern ist (1) unbedingt darauf zu achten, dass die Graphem-Phonem-Zuordnungen vollständig und sicher vollzogen werden können und dass die darauf folgenden Syntheseprozesse zunehmend sicherer vonstattengehen. Ebenso ist (2) auf den Aufbau eines möglichst umfangreichen Sichtwortschatzes zu achten, damit zunehmend mehr Wörter direkt aus dem inneren Lexikon abgerufen werden können und nicht mehr indirekt auf der phonologischen Route zu erlesen sind.

Zugleich wird damit begonnen, das Verstehen auf der Satz- und Textebene zu thematisieren. Wo allerdings zu schnell mit Ganztexten gearbeitet wird, benutzen die schwachen Leser häufig Umgehungs- und Ratestrategien, um ihre mangelnden Lesefertigkeiten auf der basalen Ebene zu verbergen. Sie lesen die Texte nicht wirklich! Das Verstehen von Sinnzusammenhängen baut – wie bereits erwähnt – auf der routinierten Beherrschung der basalen Lesefertigkeiten auf und profitiert von einem größeren (lautsprachlichen) Wortschatz der Kinder, von ihrem gewachsenen grammatisch-syntaktischen Wissen, vom textgegenstandsbezogenen Vorwissen und vom Textstrukturwissen, also dem Wissen darüber, dass es unterschiedliche Textformate und unterschiedliche Gestaltungsmöglichkeiten gibt.

Im Unterricht werden literarische und Sachtexte gelesen. Obgleich auch Sachtexte unterhaltsam sein können und literarische Texte auch Informationen enthalten, besteht der Hauptunterschied zwischen Sachtexten und literarischen Texten doch darin, dass es im einen Fall vornehmlich um Informationsvermittlung und im anderen vornehmlich um Unterhaltung geht. In nahezu allen Schulfächern setzen die Lehrerinnen und Lehrer zum Zwecke der Wissensvermittlung Lehrtexte ein, die Sachverhalte darstellen. Allerdings gilt: Man muss bereits gut lesen können, um aus diesen Texten lernen zu können.

Unter lesedidaktischen Gesichtspunkten sind es vor allem zwei Aspekte, die das Verstehen von *Sachtexten* erschweren können. Zum einen, dass es eines Mindestmaßes an sachbezogenem Vorwissen bedarf, um einen Sachtext zu verstehen. Und zum anderen, dass die strukturellen Organisationsformen von Sachtexten deutlich verschieden sind von der Struktur erzählender literarischer Texte – und dass es darüber hinaus von der jeweiligen Wissensdomäne abhängt, wie ein Sachtext aufgebaut ist. Mit anderen Worten: Der aus Erzähltexten vertraute Aufbau einer Geschichte hilft beim Verstehen eines Lehrtextes über einen biologischen, physikalischen oder wirtschaftlichen Zusammenhang genauso wenig weiter wie sich der Aufbau eines typischen Textes aus dem Physikunterricht mit dem Aufbau eines soziologischen Textes vergleichen lässt.

Wie man durch eine geeignete Textauswahl eine möglichst gute Passung der Sachtexte im Hinblick auf das Vorwissen und die

Interessenlagen der Leser herstellen kann, thematisiert Cornelia Rosebrock in ihren *Grundlagen der Lesedidaktik* (Rosebrock & Nix, 2017). Auch, wie sich notwendige Entlastungen während des Leseprozesses bereitstellen lassen, etwa durch das Erklären unbekannter Wörter oder durch das Vermitteln von Lesestrategien. Ebenso dass sich textstrukturelles Wissen vermitteln lässt, um das Erschließen von Sachtexten zu erleichtern. Vor allem geht es bei solchem Textstrukturwissen um ein Bewusstmachen der typischen rhetorischen Strukturen von Lehrtexten unterschiedlicher Domänen. Das Wissen über Textsorten und -strukturen entlastet den Leseprozess, weil man so schneller erkennt, was sich der Verfasser beim Lehrtextschreiben gedacht hat und welche Ideen und Argumente dem Autor besonders wichtig sind.

Im Literaturunterricht im Fach Deutsch (aber auch in anderen sprachlichen Fächern) geht es um das literarische Lesen, meist von Erzähltexten. Um *literarische Texte* inhaltlich zu verstehen, bedarf es in aller Regel keiner fachspezifischen Kenntnisse. Um sie aber in ihren oftmals multiplen Darstellungsintentionen aufnehmen, bewerten und interpretieren zu können, bedarf es allerdings einer Reihe von Kompetenzen und der Kenntnis von Organisationsmerkmalen solcher Texte. Dazu gehören die Kenntnis über literarische Ausdrucksformen wie Ironie oder Fiktionalität und das Erkennen der Darstellungsintention eines Textautors. Weil literarische Texte oft bewusst mehrdeutig und bedeutungsoffen gehalten sind, gestaltet sich die Verstehensleistung nicht selten besonders schwierig – selbst wenn es auf Seiten der hierarchieniedrigen Lesefertigkeiten gar keine Probleme gibt.

> **Gut zu wissen: Lesestrategien allein reichen nicht aus!**
>
> »Ich les' und les' und kapier nix. Wozu soll ich lesen«? sagt der in Marokko geborene Ali (18), den Irene Pieper, Cornelia Rosebrock, Heike Wirthwein und Steffen Volz (2004) im Rahmen ihrer Studie »Lesesozialisation in schriftfernen Lebenswelten« befragt haben. Ali liest nicht gern. Für seinen Realschulabschluss hat er Plenzdorfs »Die neuen Leiden des jungen W.« lesen müssen. Im Interview berichtet er darüber (sprachlich geglättet, nach Pieper et al., 2004, S. 84 ff.): »Ich hab' mit Hassan (einem Sozialarbeiter) gemacht. Ich

> hab' das ganze Buch gelesen. Mit Hassan hat's eigentlich voll Spaß gemacht. Wir haben es so gemacht: Das Buch hat rund 150 Seiten. Ich hatte ein Monat Zeit für das Buch zu lesen. Ich habe fast jeden Tag 15 Seiten gelesen und über diese 15 Seiten habe ich eine Inhaltsangabe geschrieben«. Und später: »Das war mein erstes Buch«.
>
> Ali erzählt auch, dass Hassan Textstellen erklärt hat, die er nicht verstanden hatte und dass Hassan ihn immer wieder gefragt hat, wie der Text weitergehen könnte. Ali hat Lesestrategien erlernt und eingesetzt, um sich den Text handwerklich zu erschließen. Das ist eine große Leistung! Cornelia Rosebrock sieht ihn dennoch »Lichtjahre von der Reflexion der Darstellungsintentionen des Textes und von der Übernahme einer literarisch orientierten Lesehaltung entfernt«. Das Versäumnis lastet sie weder Ali noch Hassan an, sondern einem Literaturunterricht, der die lesekulturellen Voraussetzungen seiner Schüler grob missachte. Denn zum Erschließen literarischer Texte reiche die Vermittlung von Lesestrategien nicht aus.

Über Gelesenes reden oder schreiben lassen, hilft beim Textverstehen. Das gilt für Sachtexte wie für literarische Texte. Unser Bild vom Literaturunterricht ist oftmals gymnasial geprägt. Der Literaturunterricht soll ästhetische Erfahrungen ermöglichen, literarische Bildung und literaturhistorisches Wissen vermitteln und in die kanonisch tradierte Hochliteratur einführen. Dabei wird leicht übersehen, dass es unterhalb des gymnasialen Niveaus zunächst einmal erheblicher Anstrengungen bedarf, um die basalen Lesekompetenzen zu gewährleisten und die Lesemotivation der Kinder und Jugendlichen aufrecht zu erhalten.

Rosebrock und Nix (2017) weisen auf das Problem hin, dass die im Literaturunterricht gestellten Lehrerfragen zu rasch auf der hierarchiehöchsten Verstehensebene ansetzten, nämlich auf der Ebene der Textintention (»Was will uns der Autor damit sagen«?). Dabei sei doch zunächst sicherzustellen, dass die notwendigen lokalen und globalen Kohärenzen von den Schülerinnen und Schülern im Laufe des Leseprozesses überhaupt vollzogen würden. Vor die Textinterpretation gehört demnach die Vergewisserung, dass der Textinhalt in eigenen Worten zusammengefasst werden kann. Hier muss man möglicherweise über zusätzliche mediale Unterstützungen und über andere Hilfen nachdenken, um zu gewährleisten, dass ein literarischer Text überhaupt kohärent verstanden wurde, bevor eine Textinterpretation verlangt wird.

Die Methoden und Förderansätze des weiterführenden Lesens sind sehr viel heterogener und zahlreicher als die zuvor behandelten Lehrmethoden des Wortlesens. Empfohlen werden sowohl offene Formen der Leseförderung, etwa mit freien Lesestunden oder mit Leseecken im Klassenzimmer, als auch strukturierte Förderkonzepte, die oft auf eine Vermittlung von Lesestrategien zur Verbesserung des Textverstehens oder auf Lautleseverfahren zur Förderung der Leseflüssigkeit hinauslaufen.

Eine eigene didaktische Tradition hat sich darüber hinaus zur Leseförderung im Fachunterricht, gerade auch im naturwissenschaftlichen Fachunterricht, etabliert. Aber auch im Deutschunterricht gibt es eine Vielzahl neuer Ansätze. Daniel Nix (2016) erörtert beispielsweise das Potenzial von Autorenlesungen im Literaturunterricht und weist daneben auf neuartige, wettbewerbliche Leseformate (z. B. Poetry Slam) hin, die den aktuellen Rezeptionsgewohnheiten Jugendlicher womöglich näher liegen. Ohnehin ist es für das weiterführende Lesen von Bedeutung, dass das Schulische und das Private ineinandergreifen, um den Kompetenzerwerb und die Lesefreude zu fördern und um einen literarischen Lesemodus auszubilden.

Fazit

Im vierten Kapitel sind Lehrmethoden zum Erlernen des Wortlesens und Ansätze zur Förderung des weiterführenden Lesens behandelt worden. Vor allem über die geeigneten Methoden des Wortlesens im Anfangsunterricht herrscht Uneinigkeit. Die empirische Befundlage ist – wie bei allen Methodenvergleichen – nicht leicht zu bewerten, weil in aller Regel nicht nur zwei konkurrierende Methoden, sondern zugleich die Qualität ihrer Umsetzung und/oder eine ganze Unterrichtsphilosophie auf dem Prüfstand stehen. Meist wird in deutschen Klassenzimmern ein Methodenmix praktiziert, also eine analytisch-synthetische Vorgehensweise. Zur Förderung des weiterführenden Lesens gibt es sowohl offene Ansätze als auch strukturierte Lehrgänge.

5 Förderung der Leseflüssigkeit

Für die Ausbildung der Lesekompetenz ist es entscheidend, dass die basalen Prozesse des Wortlesens mehr und mehr automatisiert vonstattengehen und dass zunehmend flüssiger gelesen werden kann. Unzureichend routinisierte hierarchieniedrige Leseprozesse beeinträchtigen das flüssige Lesen, welches seinerseits sinnbildlich als »Brücke« zwischen den hierarchieniedrigen Prozessen der Worterkennung und den hierarchiehöheren Prozessen des Textverstehens betrachtet wird (▶ Kap. 2). Leseflüssigkeit heißt also das Zauberwort, weil erst ein hinreichend flüssiges das verstehende Lesen möglich macht! Mühelos und fehlerfrei sollte das Wortlesen idealerweise funktionieren, damit die basalen Leseprozesse nicht zu viele kognitive Ressourcen beanspruchen, die eigentlich für die höheren Verstehensprozesse benötigt werden.

Leseflüssigkeit

Leseflüssigkeit ist eine Fertigkeit, die sich als Ergebnis des Funktionierens einer Reihe hierarchieniedriger Teilprozesse einstellt: Wer weitgehend fehlerfrei, in hohem Maße automatisiert, hinreichend schnell sowie mit einer angemessenen Segmentierung und ausdrucksvollen Betonung laut oder innerlich still lesen kann, liest flüssig. Verschiedentlich hat man sich um Präzisierungen bemüht, was denn unter fehlerfrei, automatisiert, hinreichend schnell sowie angemessen segmentiert und betont eigentlich zu verstehen sei. Aus lesedidaktischer Sicht lässt sich das so fassen – immer vorausgesetzt, es werden zur Feststellung der Leseflüssigkeit altersgemäße Texte verwendet:
1. Fehlerfrei (genau) liest, wer mehr als 95 Prozent aller Wörter eines Textes korrekt lesen kann. Wenn ein *Lesefehler* eigenständig bemerkt und rasch selbst verbessert wird, wird dies nicht als Fehler gewertet. Wo weniger als 95 Prozent der Wörter fehlerfrei

gelesen werden, ist die lokale Kohärenzbildung auf der Satzebene beeinträchtigt, von der Erschwernis der globalen Verstehensprozesse auf der Ebene größerer Textabschnitte gar nicht zu reden.
2. *Automatisiert* liest, wer mühelos, sicher und rasch einen Zugriff auf die Wortbedeutung und -aussprache hat. Im Zwei-Wege-Modell des Lesens entspricht dies dem Zugriff auf der direkten lexikalischen Route. Auch das Erkennen der Zusammengehörigkeit von Wortgruppen zeichnet den automatisierten Lesevorgang aus. Eine hohe Anzahl von Wörtern, die noch auf dem indirekten phonologischen Zugangsweg erlesen werden müssen, gilt hingegen als Anzeichen eines geringeren Automatisierungsgrades. Eine Richtgröße gibt es allerdings nicht.
3. Die *Lesegeschwindigkeit* wird in aller Regel über die Anzahl der Wörter (meist in Satz- oder Ganztextzusammenhängen) ermittelt, die in einer Zeiteinheit (meist innerhalb einer Minute) korrekt gelesen werden. Die Randbedingung »korrekt« ist an dieser Stelle wichtig, um etwaiges Rateverhalten beim Lesen nicht zu belohnen. Als Mindestgeschwindigkeit flüssigen Lesens gilt eine Leseleistung von 100 Wörtern pro Minute (WPM).
4. Angemessen *segmentiert und betont* liest, wer zusammengehörende Wörter sinnstiftend zusammenzieht und beim Vorlesen an den richtigen Stellen Pausen macht. Zur Einschätzung der Intonationsfähigkeit (Prosodie) lassen sich Lautleseprotokolle nutzen, die auf Tonmitschnitten basieren können. Gar keine oder nur wenige Wortgruppierungen beim Lesen oder Wortgruppierungen, die keinen Bezug zur Syntax eines Satzes haben, sind Anzeichen unzureichender prosodischer Fertigkeiten.

Die Leseflüssigkeit entwickelt sich. Als groben Anhaltspunkt nennt Schneider (2017) eine durchschnittliche Lesegeschwindigkeit von etwa 30 WPM am Ende der ersten Jahrgangsstufe und von 50 WPM am Ende der zweiten. Dass es dabei sehr große Unterschiede zwischen den Kindern gibt, überrascht nicht. Neben den unterschiedlichen individuellen Lernvoraussetzungen (vor allem im sprachlichen Bereich), ist dafür nicht zuletzt das unterschiedliche methodische Vorgehen im Erstleseunterricht verantwortlich: Je nachdem, ob eingangs überwiegend mit Ganzwörtern oder nach der synthetischen

Methode gearbeitet wird, können die Kinder mehr oder weniger früh und schnell bereits auf der Wortebene lesen.

Aus einer österreichischen Längsschnittstudie wissen wir, dass sich die Lesegeschwindigkeiten der Kinder von der zweiten bis zur achten Jahrgangsstufe zwar deutlich verbessern, dass aber die Leistungsunterschiede zwischen den anfänglich schnelleren und den anfänglich langsameren Lesern im Wesentlichen erhalten bleiben. Im Ergebnis führt das dazu, dass die anfänglich sehr schwachen Leser nach acht in der Schule verbrachten Jahren noch immer so langsam (70 WPM) und noch immer so fehlerhaft lesen, wie es dem Niveau der guten und durchschnittlichen Leser bereits in der dritten Klasse entsprach. Die guten und durchschnittlichen Leser lesen in der achten Klasse übrigens mehr als doppelt so schnell wie die sehr schwachen (Klicpera & Gasteiger-Klicpera, 1998).

Natürlich sind die Angaben zur Lesegeschwindigkeit und zu den Lesefehlern nur sehr grobe Richtgrößen. Die Textauswahl bzw. die Altersangemessenheit der verwendeten Texte hat einen großen Einfluss darauf, wie schnell und fehlerfrei ein Text gelesen wird. Im Lesealltag spielt auch die Zielsetzung der Lektüre eine Rolle. Im »normalen« Lesemodus kommen Erwachsene auf etwa 200 bis 300 WPM. Wenn wir Texte nur überfliegen, um ihre Grundaussagen zu identifizieren, oder wenn wir gezielt nach einer Einzelinformation in einem Text suchen, sind bis zu 600 WPM möglich. Alle diese Angaben beziehen sich auf das stille Lesen – für das laute Vorlesen liegen die Werte etwa um ein Drittel niedriger.

In der Tradition der Lesedidaktik unterscheidet man drei Niveaus der Leseflüssigkeit, um deutlich zu machen, dass es bei der Förderung der Leseflüssigkeit vor allem auf die notwendige Passung von Textschwierigkeit und Lesefertigkeit ankommt (Rosebrock & Nix, 2017). Wer einen altersgemäßen Text in einem Tempo von mehr als 100 WPM liest und dabei mehr als 95 Prozent der Wörter korrekt, hat das *Unabhängigkeitsniveau* des Lesens erreicht. Bei solchen Leserinnen und Lesern ist auch anhand eines Leseprotokolls augenscheinlich, dass nahezu alle Wörter direkt über die lexikalische Route erkannt wurden und dass bei der Intonation größere, sinnvolle Einheiten gebildet wurden. Alles gut! Einer zusätzlichen Förderung der Leseflüssigkeit bedarf es für solche Kinder nicht.

Wer etwas langsamer und zugleich fehlerhafter liest, befindet sich auf dem *Instruktionsniveau*. Hier können pädagogische Fördermaßnahmen greifen. Wer die genannten Richtwerte hingegen deutlich unterschreitet, wird dem *Frustrations-* oder *Überforderungsniveau* zugerechnet. Hier ist individuelle Förderung dringend notwendig. Der springende Punkt ist nun zum einen, dass für die unterhalb des Unabhängigkeitsniveaus befindlichen Kinder die Schwierigkeiten der Übungstexte so gewählt werden, dass sie anhand der Übungstexte lernen können, anstatt entmutigt zu werden. Das sind Texte, deren Schwierigkeiten leicht über das hinausgehen, was Kinder noch ohne Hilfe flüssig lesen könnten. Und zum anderen ist es wichtig, dass während der Übungsphase gezielte Hilfen gegeben und Korrekturen vorgenommen werden, beispielsweise durch das Modellieren des korrekten Lesens und durch das gemeinsame Üben. Lektüren auf Frustrationsniveau – das bei Lesegeschwindigkeiten unter 40 WPM und/oder bei Fehlerquoten von mehr als 20 Prozent erreicht ist – sollten aus didaktischer Sicht auf jeden Fall vermieden werden. Denn wenn die Übungstexte offenkundig zu schwierig sind, beschädigt das nicht nur die Lesemotivation, sondern verspricht zudem keinerlei Erfolgserlebnisse. Wo die Aufgabenanforderungen zu weit über die individuellen Lernfähigkeiten hinausgehen, kann aus Fehlern nicht gelernt werden. Einfach ist es allerdings nicht, geeignete Texte zur Förderung der Leseflüssigkeit zu finden, die herausfordernd und altersgemäß und dennoch auf dem Instruktionsniveau noch lesbar sind.

Leseflüssigkeit wird durch Üben erreicht und lässt sich durch vermehrtes Üben verbessern. Wer viel liest, übt. Entscheidend ist nun die Frage, wie man die Kinder zum Viellesen bringt und ob das Viellesen ausreicht, um die Leseflüssigkeit zu verbessern. Als *Vielleseverfahren* bezeichnet man Ansätze, in denen das stille Lesen praktiziert wird, um die Leseflüssigkeit und die Lesekompetenz insgesamt zu fördern. Als *Lautleseverfahren* werden Förderansätze bezeichnet, in denen das laute Lesen geübt wird, um zum gleichen Ziel zu gelangen. Sowohl Viellese- als auch Lautleseverfahren werden im Folgenden in ihren Grundzügen vorgestellt und hinsichtlich ihrer Wirksamkeit bewertet. Beide zielen explizit und vordringlich auf eine Verbesserung der Leseflüssigkeit. Weil die

Förderung der Leseflüssigkeit sinnvollerweise auf einer vorangegangenen Lernstandsdiagnose aufbaut, wird zunächst darauf eingegangen.

Diagnose der Leseflüssigkeit

Wie lässt sich das Ausmaß der Leseflüssigkeit beurteilen? Zur Erfassung der Leseflüssigkeit gibt es eine Reihe formeller und informeller Verfahren. Informelle Verfahren sind solche, die Lehrerinnen und Lehrer ohne großen Aufwand im Unterricht einsetzen können, um durch gezielte Beobachtungen das Ausmaß der Leseflüssigkeit ihrer Schülerinnen und Schüler zu beurteilen. Dazu später mehr. Formelle Verfahren sind in aller Regel von Wissenschaftlerinnen und Wissenschaftlern entwickelte Tests.[4] Ihr Vorteil besteht darin, dass sie eine besonders objektive und zuverlässige Feststellung der Leseflüssigkeit zulassen. Hinzu kommt, dass die formellen Verfahren vor ihrer Veröffentlichung in aller Regel über einen längeren Zeitraum erprobt wurden und dass es eine Auswahl von Normierungswerten gibt, die sich zur Verortung und Interpretation individueller Testwerte eignen.

Formelle Verfahren sind normierte und standardisierte Testverfahren, die einen Vergleich der individuellen Leistungswerte mit alters- oder jahrgangsstufenbezogenen Normwerten zulassen. Meist zielen die formellen Verfahren auf zwei leicht messbare Aspekte der Leseflüssigkeit: auf die Lesegeschwindigkeit und auf die Lesegenauigkeit (Lesefehler). Die *Würzburger Leise Leseprobe – WLLP-R* (Schneider et al., 2011), für die Normwerte von der ersten bis zur vierten Jahrgangsstufe vorliegen, und das *Salzburger Lese-Screening für die zweite bis neunte Jahrgangsstufe – SLS 2–9* (Wimmer & Mayringer, 2014), sind solche Verfahren, bei denen unter Zeitbegrenzung entweder einzelne Wörter zu lesen und einer von mehreren Bildalter-

---

4 Auch wenn es die leichte Lesbarkeit dieses Textes beeinträchtigen mag, werden die Testverfahren, wie auch die später vorzustellenden Trainingsprogramme, jeweils mit vollständiger Zitation im Text aufgeführt. Wer sich im Detail mit den Tests oder Trainingsprogrammen beschäftigen möchte, findet so einen einfachen Zugang.

nativen zuzuordnen sind oder kurze Sätze sinnentnehmend zu lesen sind. Auch der *Leseverständnistest für Erst- bis Siebtklässler – ELFE II* (Lenhard, Lenhard & Schneider, 2017) enthält einen Subtest zum Wortverständnis und lässt sich zur Diagnose der Lesegenauigkeit und -flüssigkeit nutzen.

In den genannten Diagnoseverfahren bzw. Subtests geht es ausschließlich um die Lese- bzw. Dekodiergeschwindigkeit und -genauigkeit, wobei die Anzahl der Lesefehler üblicherweise als Indikator der Genauigkeit betrachtet wird. Der Automatisierungsgrad, der unter den vier Wesensmerkmalen der Leseflüssigkeit ebenfalls aufgeführt war, ist natürlich mit den Indikatoren der Genauigkeit und der Geschwindigkeit verknüpft. Denn ganz gleich, ob sich der Automatisierungsaspekt auf das rasche Synthetisieren beim phonetischen Rekodieren bezieht oder auf das direkte Abrufen der Wortbedeutung und -aussprache auf der lexikalischen Route: Je höher der Automatisierungsgrad der Worterkennung, desto mehr Wörter können pro Zeiteinheit korrekt gelesen werden.

Standardisierte Verfahren zur Erfassung der Segmentierungs- bzw. Intonationsfähigkeit beim Lesen (Prosodie) gibt es nicht. In unserem Frankfurter Forschungsprojekt haben wir ein informelles Verfahren eingesetzt, um anhand von Tonmitschnitten unterschiedliche Niveaus der Intonationsfähigkeit zu erfassen (Nix, 2011). Schülerinnen und Schüler, die einfache Texte nur Wort für Wort oder nur in Zweier- oder Dreier-Wortgruppen ohne syntaktischen Bezug lesen können, befinden sich auf einem niedrigen prosodischen Niveau. Wer hingegen ganz überwiegend in sinnvollen Dreier- oder Vierwortgruppen und zudem expressiv, d.h. mit unterschiedlicher Geschwindigkeit, Lautstärke und Stimmlage lesen kann, liest prosodisch angemessen. Natürlich gestaltet sich die Erfassung der Intonationsfähigkeit aufwendiger als die Erfassung der Lesegeschwindigkeit und die Auszählung der Lesefehler. Denn man muss die Kinder dazu in einer Einzeltestung laut vorlesen lassen, während die Lehrpersonen auf einer Textkopie sorgfältig markieren, wo Pausen zum Luftholen genommen und Wörter zu Wortgruppen gebündelt wurden.

Informelle Verfahren gibt es nicht nur zur Erfassung der Prosodie, sondern auch zur Erfassung der Lesegeschwindigkeit und -genauigkeit. Sie kommen zum Einsatz, wenn es bei der Erfassung der Leseflüssigkeit gar nicht auf einen Vergleich mit Normen ankommt, sondern auf ein pragmatisches Screening zur Vorbereitung unterrichtlicher Entscheidungen oder auf das rasche Erkennen offensichtlicher Förderbedarfe. Solche praxistauglichen Instrumente sind etwa Beobachtungsverfahren in Form von Checklisten, die oft als *Lautleseprotokolle* bezeichnet werden. Für ein Lautleseprotokoll stoppt die Lehrperson die Zeit, die für das Vorlesen eines Textes benötigt wird und verfolgt zugleich den Vorleseprozess auf einer Textkopie. Dort werden Wörter markiert, die ohne Selbstkorrektur falsch gelesen wurden und auch Wörter, bei denen mehrfach angesetzt werden musste – die also ersichtlich noch nicht automatisiert erkannt werden. Die Auswertung solcher Lautleseprotokolle ist einfach: Über die relative Genauigkeit gibt der Prozentsatz der Lesefehler Aufschluss, der Automatisierungsgrad ermisst sich am Anteil der direkt erkannten Wörter und die Lesegeschwindigkeit lässt sich bestimmen, indem alle innerhalb einer Minute richtig gelesenen Wörter gezählt werden (im Detail: Rosebrock et al., 2017 S. 81 ff.).

Gut zu wissen: Lesegenauigkeit

Genaues ist fehlerfreies Lesen. Schwache Leserinnen und Leser verlesen sich häufiger und korrigieren ihre Fehler seltener. Die Lesegenauigkeit ist eine von vier Komponenten der Leseflüssigkeit. Sie lässt sich durch den Einsatz von Lautleseverfahren fördern. Bei besonders schwachen Lesern kann es allerdings angezeigt sein, mit den Fördermaßnahmen noch »tiefer« anzusetzen, nämlich bei der Vermittlung des alphabetischen Prinzips. Denn wo die Prozesse des phonetischen Rekodierens noch nicht sicher und rasch vollzogen werden, wird beim Wortlesen oftmals geraten. Zumal dann, wenn die Alphabetisierungsphase als abgeschlossen gilt und im Unterricht längst mit dem weiterführenden Leseunterricht begonnen wurde. Mit spezifischen Trainingsprogrammen muss dann »nachgearbeitet« werden. Dabei wird oftmals die eigentliche Alphabetisierung, also das Vermitteln und Erlernen der Graphem-Phonem-Korrespondenzen, mit Übungen zur Lautanalyse sowie zur Silbenerkennung und -gliederung verknüpft.

Werden solche Lautleseprotokolle wiederholt angefertigt, können sie als Grundlage für individuelle Förderpläne dienen und zur Erfolgskontrolle von Fördermaßnahmen. Als *formative Lernverlaufsmessungen* bieten sie aber nicht nur den Lehrpersonen wichtige Hinweise über die Angemessenheit und Wirksamkeit ihres pädagogischen Vorgehens, sondern geben auch den Lernenden wichtige Rückmeldungen über ihre eigenen Lernfortschritte.

Lautleseprotokolle sind individualdiagnostische Verfahren und damit natürlich aufwendiger als eine Gruppentestung. Zur informellen Gruppendiagnostik der Leseflüssigkeit beim stillen Lesen lassen sich beispielsweise Lückentexte mit Zeitmessungen einsetzen, wofür es eine Reihe von Vorlagen und für deren ökonomische Durchführung und Auswertung es unterschiedliche Verfahrensvorschläge gibt (Rosebrock et al., 2017). Um ein Lautlesetandem zusammenzustellen – wie es in mehreren der weiter unten vorgestellten Förderverfahren geschieht –, ist etwa eine Gruppendiagnostik auf der Basis von Lückentexten geeignet.

Förderung der Leseflüssigkeit durch Vielleseverfahren

Weil gute Leser meist auch Vielleser sind, ist die Grundüberlegung, die hinter den Vielleseverfahren steckt, so naheliegend wie vernünftig: »Flüssig lesen lernt man durch viel Lesen«. Wer viel liest, wird seinen Sichtwortschatz vergrößern und infolgedessen zunehmend mehr Wörter (automatisiert) auf dem direkten Zugangsweg erkennen können, also weniger Wörter über die indirekte phonologische Route erlesen müssen. Vielleser werden deshalb nicht nur schneller, sondern auch weniger fehleranfällig lesen. Nebenbei erweitern sie – je nach Lektüre – auch ihr (Welt-)Wissen, das sie in künftige Leseprozesse einbringen können. Also: Lies viel! Wie aber bringt man die Schülerinnen und Schüler zum Viellesen?

Die bekannteste unterrichtliche Viellesemethode ist das »stille Lesen« *(Sustained Silent Reading)*. Damit ist gemeint, dass während des Unterrichts freie Lesezeiten gewährt werden, in denen die Kinder selbstständig und still in einem Sachbuch oder in einem literarischen Buch ihrer Wahl lesen, ohne dass die Lektüre im Klassenunterricht vorstrukturiert oder nachbereitet wird. Zur Durchführung

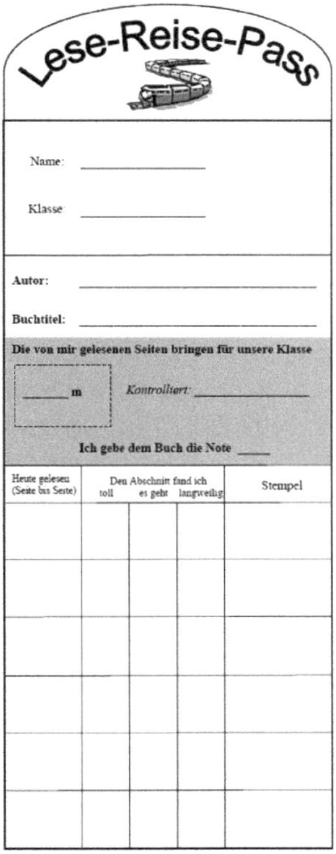
Lese-Reise-Pass

Name: ____________

Klasse: ____________

Autor: ____________

Buchtitel: ____________

Die von mir gelesenen Seiten bringen für unsere Klasse

____ m Kontrolliert: ____________

Ich gebe dem Buch die Note ____

Heute gelesen (Seite bis Seite)	Den Abschnitt fand ich toll	es geht	langweilig	Stempel

Abb. 6: Lese-Reise-Pass (Rieckmann, 2010, S. 293)

des *stillen Lesens* bedarf es einer kleinen Klassenbibliothek (hoffentlich) motivierender Kinder- und Jugendbücher und der Einräumung solcher Lesepausen – empfohlen werden meist 20 Minuten ein- bis dreimal wöchentlich. Gelegentlich wird die Methode zusätzlich mit motivierenden Anreizen für ein möglichst hohes Lesepensum verknüpft, indem Lesepässe (Abbildung 6) oder Lesestempel verwendet werden, oder gar mit wettbewerblichen Elementen, indem etwa eine Leseolympiade veranstaltet wird.

Bewusst ist bei den Vielleseverfahren das Lesen als Selbstzweck konzipiert und nicht in das vorangegangene und nachfolgende Unterrichtsgeschehen eingebettet. Allerdings ist eine Lektüre für alle verpflichtend und findet in der Unterrichtszeit statt. Das ist anders als bei der reinen Animation zum Freizeitlesen: »Lest doch mal das Buch XY – das ist total spannend!«. Erhofft wird, dass es durch das Viellesen zu einer Verbesserung der Lesekompetenz kommt, und zwar sowohl was die Leseflüssigkeit angeht als auch im Hinblick auf das Textverstehen. Noch wichtiger vielleicht, dass durch das erzwungene unterrichtliche Lesen am Aufbau eines positiven »Rollenmodells« bzw. eines positiven habituellen Leseselbstkonzepts vor allem für solche Kinder gearbeitet wird, die freiwillig kein Buch in die Hand nehmen würden.

Neben der bereits angesprochenen Methode des stillen Lesens bzw. der stillen Lesezeiten gibt es eine Reihe verwandter Methoden, die sich allesamt als methodische Weiterentwicklungen mit einer vergleichsweise stärkeren Lenkungskomponente charakterisieren lassen (Rieckmann, 2015). Dazu gehören etwa die *unterstützten stil-*

len Lesezeiten, bei denen die schwachen Leserinnen und Leser im Zuge flankierender Maßnahmen mit ihrer Lektüre nicht völlig sich selbst überlassen bleiben, besondere Programme zur Unterstützung des Leseengagements sowie einige Ansätze zur Förderung der lesekulturellen Fähigkeiten.

Interessant für den Schulunterricht sind vor allem die unterstützten stillen Lesezeiten, weil diese Methode genau an der Stelle ansetzt, die sich bei den stillen Lesezeiten im Hinblick auf ihre Wirksamkeit bei schwachen Lesern als problematisch erwies, nämlich der mangelnden Unterstützung des Leseprozesses. Maßnahmen der Unterstützung beziehen sich nun auf ganz unterschiedliche Aspekte des stillen Lesens. So können bereits Hilfen bei der Auswahl von Büchern zur stillen Lektüre gewährt werden, damit es zu einer besseren Text-Leser-Passung kommt und zu geringeren Frustrationen mit der ausgewählten Lektüre. Vor allem die schwachen Leserinnen und Leser sind nämlich häufig überfordert, Genre und Schwierigkeitsniveau einer Lektüre vorab richtig einzuschätzen und realistisch auf ihre Möglichkeiten zu beziehen. Und es gibt regelmäßige Lehrer-Schüler-Konferenzen, die das Leseengagement aufrechterhalten sollen. Im Rahmen solcher Gespräche werden die bislang erreichten Fortschritte überprüft, neue Ziele vereinbart und es werden Anschlusskommunikationen gebahnt, indem über das Gelesene gesprochen wird. Aussagekräftige Studien zur Wirksamkeit der unterstützten stillen Lesezeiten gibt es allerdings bislang nicht.

Wirksamkeit der Vielleseverfahren

In unserem Frankfurter Forschungsprojekt haben wir mit den (nicht unterstützten) stillen Lesezeiten bei leseschwachen Zwölfjährigen keine nennenswerte Verbesserung ihrer Lesekompetenz und auch keine positiven Auswirkungen auf die Lesemotivation und auf das Selbstkonzept lesebezogener Fähigkeiten feststellen können. Im Vergleich mit Kindern einer Kontrollgruppe, denen die freien Lesezeiten nicht gewährt wurden, konnten sie nach einem Schulhalbjahr und auch nach zwölf Monaten nicht flüssiger lesen und Texte auch nicht besser verstehen. Im Vergleich zu Kindern, die während des gleichen Zeitraums ein Lautlesetraining (s. u.) absolviert hatten, blieben sie in ihrer Leistungsentwicklung sogar signifikant hinter diesen zurück (Rieckmann, 2010; Rosebrock, Rieckmann, Nix & Gold, 2010).

Dass das Viellesen mit den stillen Lesezeiten bei den leseschwachen Zwölfjährigen im Hinblick auf ihre Kompetenzentwicklung nicht so wirksam war wie erhofft, ist das eine. Dass die unterrichtenden Lehrerinnen und Lehrer dennoch von »positiven Auswirkungen« sprachen und dass viele Kinder, die zum ersten Mal in ihrem Leben ein ganzes Buch allein gelesen hatten, begeistert waren und uns dies auch mitteilten, ist eine andere wichtige Erkenntnis – auch wenn sie sich in den (objektiven) Kompetenzmessungen nicht spiegelt. Möglicherweise muss man hier in längeren Wirkungszeiträumen denken oder die Intensität der Förderung erhöhen. Möglich aber auch, dass die Methode der stillen Lesezeiten den besonders Leseschwachen doch zu wenig Rückmeldung und Unterstützung zukommen lässt und sie deshalb nicht wirklich erreicht. Gute Leser – so hat es den Anschein – profitieren jedenfalls von den stillen Lesezeiten.

Mit diesen Forschungsergebnissen, die die Wirksamkeit von Vielleseverfahren infrage stellen, stehen wir nicht allein. Auch andere Studien, vor allem solche aus der amerikanischen Leseforschung, haben für das freie, nicht unterstützte Viellesen nur geringe oder gar keine Effekte im Hinblick auf die Kompetenzentwicklung festgestellt. Meist wird das damit erklärt, dass das stille Lesen gerade für die Kinder mit einer bislang ungünstig verlaufenden Lesesozialisation zu voraussetzungsreich sei. So seien diese oft gar nicht in der Lage, Texte zur Lektüre auszuwählen, die ihren Fähigkeiten entsprächen. Wählten sie zu anspruchsvolle Texte aus, würden sie diese alsbald frustriert zur Seite legen. Wählten sie eine zu anspruchslose Lektüre, langweilten sie sich. In beiden Fällen wird nicht gelernt. Die stillen Lesezeiten – so lässt sich die Argumentation zusammenfassen – setzen metakognitive und kognitive, aber auch lesehandwerkliche Kompetenzen voraus, die durch den Einsatz der Methode eigentlich erst aufgebaut werden sollen. Hinzu kommt, dass der Leseprozess der leseschwächeren Kinder beim Viellesen gar nicht überwacht und korrigiert wird: Wo sie aber beim stillen Lesen über längere und schwierigere Wörter einfach hinweglesen, wird sich durch Viellesen auch kein Leistungsfortschritt einstellen.

Entscheidend ist nun, nach den Gelingensbedingungen der Vielleseverfahren zu suchen. Denn die Überlegung, die den Vielleseverfahren zugrunde liegt, scheint nach wie vor plausibel: Besser lesen lernt, wer möglichst viel liest. Die Frage ist nur, wie eigenständig man die Kinder dabei vorgehen lässt bzw. wie engmaschig man sie beim eigenständigen Lesen begleiten und unterstützen muss. Können sich die leseschwachen Kinder sinnbildlich gesprochen tatsächlich am eigenen Schopf aus dem Sumpf ziehen?

Wahrscheinlich müssen die Leseforscher und -didaktiker die Latte ihrer hohen Erwartungshaltung hinsichtlich der Wirksamkeitsbreite des Viellesens etwas niedriger legen. Denn erwartet werden von den Vielleseverfahren wahre Wunderdinge: Dass anschließend flüssiger gelesen wird, dass sich das Textverstehen verbessert, dass die Lesemotivation gesteigert wird und dass es zu einer positiven Selbstkonzeptentwicklung im Hinblick auf die lesebezogenen Fähigkeiten kommt.

Förderung der Leseflüssigkeit durch Lautleseverfahren

Mehr noch als die Vielleseverfahren zielen Lautleseverfahren ganz eindeutig und sehr direkt auf eine Verbesserung der Lesefertigkeiten auf der hierarchieniedrigen Ebene, also auf die Prozesse der Worterkennung und auf die Leseflüssigkeit. Dass es infolge einer verbesserten Leseflüssigkeit darüber hinaus zu Transfereffekten auf das Textverstehen und auf die Lesemotivation kommen mag, ist ebenso naheliegend wie erwünscht. Wer auf der basalen Ebene gut, fehlerfrei und flüssig lesen kann, wird besser verstehen und behalten können, was er liest. Und wer gut lesen kann, wird vermutlich auch mehr Freude am Lesen haben.

Alle Lautleseverfahren beinhalten das laute und wiederholte (Vor-)Lesen von Wörtern, Textabschnitten oder ganzen Texten. Das lernpsychologische Grundprinzip ist die *Wiederholung* (Übung), die zur Steigerung des Sichtwortschatzes, zur Automatisierung der Worterkennung und damit zu einer höheren Leseflüssigkeit führen soll. Nur auf das Prinzip der Wiederholung zu setzen, reicht allerdings nicht aus. In nahezu allen Lautleseverfahren wird deshalb durch zusätzliche Kontroll- bzw. Korrekturelemente sichergestellt, dass nicht nur wiederholt, sondern auch korrekt gelesen wird. Damit ist bereits ein wesentlicher Unterschied zu den Vielleseverfahren benannt: Lautleseverfahren zeichnen sich durch eine *stärkere Lenkungs-, Kontroll- und Korrekturkomponente* aus.

Die einzelnen Lautleseverfahren unterscheiden sich vor allem darin, wo diese Kontroll- und Korrekturkomponente angesiedelt und wie sie ausgestaltet ist. Bei den *Lautlesetandems* kontrolliert in der Regel ein Mitschüler (Tutor), ob richtig gelesen wird, und korrigiert die Lesefehler seines Lesepartners. Über längere Zeiten hinweg lesen die beiden dabei im Chor. Ein solches Verfahren wird auch als Peer-Tutoring bezeichnet, weil kompetente Gleichaltrige die Kontroll- und Korrekturfunktion wahrnehmen. Es gibt auch Lautleseverfahren, bei denen anstelle des Mitschülers ein Erwachsener mit einem Kind übt. Das wiederholende bzw. wiederholte Lautlesen kann – statt im Tandem – auch in der gesamten Klasse stattfinden. Beim Klassenlautlesen liegt es zunächst einmal in der Verantwortung der Lehrperson, das korrekte Lesen modellhaft vorzuführen, bevor wiederholt mit der gesamten Klasse und später gegebenenfalls zusätzlich in Dyaden chorisch laut gelesen wird. In John Hatties Metaanalysen ist für das wiederholte Lautlesen eine mittelhohe Effektstärke ES = 0.67 ermittelt worden.[5]

Nicht als Lautleseverfahren im hier verstandenen Sinne gilt die noch immer weit verbreitete Praxis des »Reihumlesens«, wo Schülerinnen und Schüler Abschnitte eines zuvor in aller Regel unbekannten Textes im Unterricht vorlesen müssen. Ein Übungseffekt kann sich beim Reihumlesen kaum einstellen, weil nicht wiederholt der gleiche Textabschnitt gelesen wird, sondern fortlaufend ein anderer. Und eine Modell- sowie Korrekturfunktion ist in aller Regel auch nicht damit verbunden, wenn ein besonders schwacher Leser mühsam und fehlerhaft einen Textabschnitt vor-

---

5 Die Effektstärke ES ist eine Maßzahl, welche die standardisierte Differenz zwischen zwei Mittelwerten ausdrückt, wobei der eine Mittelwert für die Leistungen in einer Trainingsgruppe steht, die ein bestimmtes Förderprogramm erhalten hat, und der andere Mittelwert für die Leistungen in einer Kontrollgruppe, die das Förderprogramm nicht erhalten hat. John Hattie (2014) spricht ab ES > 0.40 von einem bedeutsamen Effekt.

trägt und wenn dabei seine Lesefehler nicht systematisch verbessert werden. Negativ wirkt sich im Übrigen auch die als belastend empfundene soziale Situation beim Reihumlesen aus.

In der Tradition der amerikanischen Leseforschung wird im Allgemeinen zwischen dem wiederholenden bzw. wiederholten (Repeated Reading) und dem begleitenden bzw. begleiteten (Assisted Reading) Lautlesen unterschieden. In seiner ursprünglichen Form ist das *Wiederholende Lautlesen* relativ schlicht – um nicht zu sagen monoton – als reine Drill & Practice-Methode konzipiert: Ein einfacher Text (oder auch eine Liste von Einzelwörtern) wird bis zum Kriterium des Richtiglesens so oft gelesen, bis flüssig gelesen werden kann. Ein Mitschüler oder ein Erwachsener üben Kontroll- und Korrekturfunktionen aus. Auch beim *Begleitenden Lautlesen* kommt das Prinzip der Wiederholung (Übung) zum Einsatz. Entscheidend ist aber, dass beim Begleitenden Lautlesen zusätzlich und zuvörderst auf das Prinzip des Modelllernens gesetzt wird. Ein kompetentes Lesemodell (Tutor) liest gemeinsam mit dem weniger gut lesenden Kind. Dabei wird das Modelllernen entweder so realisiert, dass der Tutor bzw. die Lehrperson einen Textabschnitt zunächst modellhaft vorliest und der schwächere Leser (Tutand) anschließend den gleichen Textabschnitt erneut. Oder der Tutor setzt plötzlich mit dem Lautlesen aus und bittet seinen Tutanden, mit der Lektüre fortzufahren. Oft wird das Begleitende Lautlesen auch als Chorisches Lautlesen konzipiert und bezeichnet.

Eine Variante des Begleitenden Lautlesens ist das *Paarlesen (Paired Reading)*, wie es in den Lautlesetandems realisiert wird. In Lautlesetandems wird grundsätzlich synchron (im Chor) gelesen. Die Lehrperson stellt ein Lautlesetandem so zusammen, dass jeweils ein lesestarkes Kind (Tutor) mit einem leseschwächeren Kind ein solches Tandem bildet. Als kompetentes Lesemodell unterstützt der Tutor die Kompetenzentwicklung seines Tutanden. Indem er einen beiden gemeinsam vorliegenden Text – mit dem Finger auf dem Blatt den Fortgang des Leseflusses anzeigend – möglichst angemessen schnell und mit einer angemessenen Betonung vorliest und den Tutanden zum (sozial wenig belastenden) halblauten Mitlesen auffordert, gewinnt dieser zunehmend an Lesesicherheit. Mehr und mehr wird der Tutand auf diese Weise ermutigt und befähigt, einzelne Textpassagen selbst zu übernehmen. An dieser Stelle ist es die Aufgabe des Tutors, auf mögliche Lesefehler seines Tutanden zu achten und sie zu korrigieren.

> **Gut zu wissen: Lese-Meister und Lese-Lehrlinge**
>
> In der lehr-lernpsychologischen Tradition der Kognitiven Meisterlehre bezeichnet man es in Anlehnung an das handwerkliche Meister-Lehrlings-Verhältnis als Aufstellen eines Lerngerüsts *(Scaffolding)*, wenn unterstützend-modellierende Hilfestellungen beim Erwerb einer Fertigkeit zunächst gewährt und dann schrittweise wieder zurückgenommen werden. Sobald ein Lehrling nämlich in der Lage ist, Teilaufgaben selbstständig zu übernehmen, zieht der erfahrene Kognitive Meister seine Unterstützung mehr und mehr zurück. Übertragen auf das Begleitende Lautlesen bedeutet dies, dass der Lese-Lehrling nach einer einführenden, stark vom Lese-Meister angeleiteten Phase zunehmend Eigenverantwortung für das Lautlesen übernimmt.

In unserem Frankfurter Forschungsprojekt haben wir die Methode der *Lautlesetandems* zur Steigerung der Leseflüssigkeit bei leseschwachen Hauptschülern der sechsten Jahrgangsstufe eingesetzt. Der jeweils kompetentere Lesepartner wurde dabei als Lese-Trainer, der Leseschwächere als Lese-Sportler bezeichnet. Trainer und Sportler haben einen Text vor sich liegen, der für beide gut einsehbar ist. Auf ein verabredetes Zeichen beginnen sie synchron mit dem halblauten Vorlesen des Textes. Das Mitführen des Fingers dient der Aufmerksamkeitsfokussierung (Abbildung 7).

Wesentlich sind nun zwei weitere Routinen. Zum einen die Verbesserungs- oder *Korrektur-Routine,* die zum Einsatz kommt, wenn sich der Lese-Sportler verliest – und seinen Lesefehler nicht rasch selbst korrigiert. Der Lese-Trainer deutet dann auf das falsch gelesene Wort, liefert die korrekte Aussprache und erklärt auch die Wortbedeutung, wo dies nötig erscheint. Der Lese-Sportler repetiert zunächst das so korrigierte Wort. Anschließend wird das gemeinsame Lesen am vorangegangenen Satzanfang wieder aufgenommen.

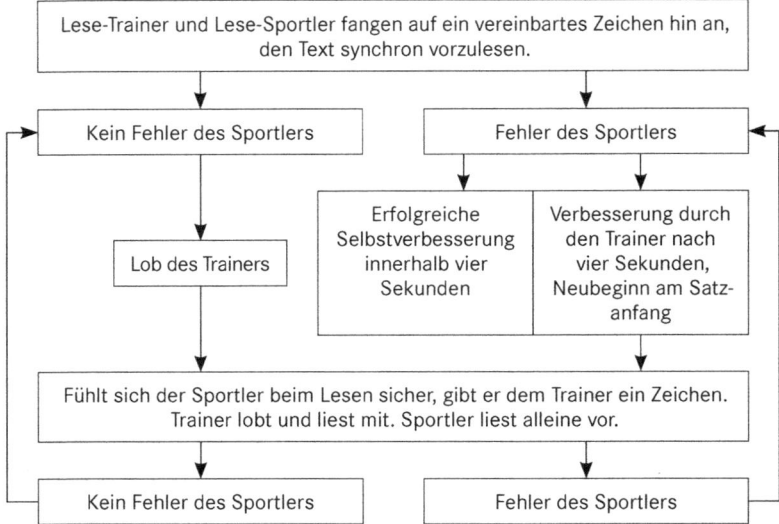

Abb. 7: Routine der Lautlesetandems (Rosebrock et al., 2017, S. 98)

Neben der Korrektur-Routine gibt es die *Allein-Lesen-Routine*. Anders als die Korrektur-Routine, die einen notwendigen Eingriff des Trainers darstellt, wird sie vom Lese-Sportler selbst und aus eigenen Stücken ausgelöst, und zwar dann, wenn sich dieser nach einer längeren fehlerlosen Episode hinreichend sicher zum Allein-Lesen fühlt. Um auf die chorische Lesebegleitung zu verzichten, gibt er seinem Trainer ein zuvor verabredetes Signal (z. B. Antippen), fortan nur noch still (leise) mitzulesen. Der Lese-Trainer beschränkt sich nun auf die Überwachungsfunktion und greift erst dann wieder ein, wenn aufgrund eines Lesefehlers die Korrektur-Routine erforderlich wird.

Wie schon bei den Vielleseverfahren thematisiert, ist die Auswahl geeigneter Texte von großer Bedeutung. Ausführlich wird dies im Praxisbuch *Leseflüssigkeit fördern* behandelt (Rosebrock et al., 2017). Dort ist auch im Detail beschrieben, wie die Zusammensetzung der Lese-Tandems zustande kommt und wann man solche Tandems ggf. neu zusammensetzen sollte. Anders als bei den stillen Lesezeiten, wo sich die Schülerinnen und Schüler ihre Übungstexte selbst aussuchen, wählt hier die Lehrperson die Texte aus. Idealerweise greift man für die Arbeit mit Lautlesetandems auf ein Übungsheft mit Texten unterschiedlicher Schwierigkeit zurück. In der Regel muss jeder Text wenigstens viermal zusammen fehlerfrei gelesen werden, bevor zum nächsten Text vorangeschritten wird. Erst wenn die Lehrperson das fehlerfreie Lesen durch einen Stempel im Übungsheft testiert, ist ein solches Voranschreiten erlaubt.

> **Gut zu wissen: Textschwierigkeit**
>
> Damit Kinder flüssiger lesen lernen, sollten die Texte nicht zu leicht und nicht zu schwer sein. Als Texte auf Instruktionsniveau bezeichnet man Texte, die zwar noch nicht flüssig, aber auch nicht übermäßig stockend, langsam und fehlerhaft gelesen werden. Wie findet man solche Texte, die nicht über-, aber auch nicht unterfordern? Alexandra und Wolfgang Lenhard haben unter http://psychometrica.de/lix.html einen sprachoberflächlichen Lesbarkeitsindex (LIX) für Texte deutscher Sprache programmiert und frei zugänglich gemacht, der über die Bestimmung von Satz- und Wortlängen eine rasche Einschätzung der Schwierigkeiten von Texten zulässt. Grob gilt dabei, dass kurze Sätze mit kurzen Wörtern einfacher sind. Der LIX wird online ermittelt, indem der fragliche Text in ein Dialogfeld eingegeben wird. Für diesen Gut-zu-wissen-Text resultiert z. B. bei 173 Wörtern in neun Sätzen ein LIX = 49, der ihn im Bereich mittelschwieriger Fachliteratur verortet.
>
> Einen LIX = 38, also eine deutlich niedrigere Textkomplexität berechnet das Programm für den Gut-zu-wissen-Text auf Seite 64 (Lesestrategien allein reichen nicht aus!). Dort waren es mehr als zweimal so viele, aber kürzere Sätze (19), mit insgesamt 238 Wörtern.

Dass an Lesestrategietrainings erst zu denken ist, wenn bereits flüssig gelesen werden kann, wurde bereits erwähnt. Gerheid Scheerer-Neumann (2015) hat darauf hingewiesen, dass gelegentlich schon eine Förderung der Leseflüssigkeit zu voraussetzungsreich sein mag und deshalb einer Ergänzung durch ein Training der alphabetischen Strategie bedarf. Vor allem, wenn Kinder beim Wortlesen zu schnell »raten«, ist dies ein Hinweis darauf, dass das lautsprachliche Rekodieren noch nicht in einer Weise automatisiert vonstattengeht, wie es eigentlich sein sollte. In diesen Fällen sollten zur Steigerung der Lesegenauigkeit gezielte Übungen zum Wortlesen unter Nutzung des indirekten Zugangsweges durchgeführt werden. Solche Übungen lassen sich mit der Vermittlung von Strategien zur Silben- und Morphemgliederung kombinieren, um eine Nutzung größerer funktionaler Einheiten zu ermöglichen. Auch Blitzwörter-Übungen haben sich in diesem Zusammenhang bewährt (▶ Kap. 7).

Wirksamkeit der Lautleseverfahren

Für den Unterricht in deutschsprachigen Klassenzimmern haben sich vor allem Varianten der Lautlesetandems bewährt, die als Peer-Tutoring angelegt sind. Im Folgenden wird über Befunde aus Forschungsprojekten berichtet, in denen bei Kindern im Grundschulalter oder bei leseschwachen Kindern und Jugendlichen in der Sekundarstufe Lautleseverfahren eingesetzt wurden. In allen Fällen ist der Einsatz der Lautleseverfahren vergleichend evaluiert worden.

Elisabeth Kawohl (2015; Schulte & Souvignier, 2013) berichtet für das adaptive Förderprogramm *Lese-Sportler,* das sowohl auf die Leseflüssigkeit als auch auf das Leseverständnis zielt, von positiven Einflüssen auf die Leseflüssigkeit für Kinder in der dritten und vierten Jahrgangsstufe. Das Programm greift für das eigentliche Flüssigkeitstraining *(Lese-Sprinter)* auf das Prinzip des wiederholenden Lautlesens in Tandems zurück, um die Automatisierung der Worterkennung zu erhöhen und den Sichtwortschatz zu mehren. Im Verlauf mehrerer »Rennen« liest ein Kind einen Textabschnitt eine Minute lang laut vor, während sein Tandempartner auf einem eigenen Blatt leise mitliest und die Lesefehler notiert. Für das zweite, dritte und vierte Rennen werden jeweils die Rollen getauscht, so dass am Ende jedes Kind zweimal laut und zweimal leise gelesen hat. Üblicherweise verbessern sich die Kinder im Verlauf solcher Rennen. Das Besondere bei dem Förderprogramm der Lese-Sportler ist eine Kombination aus Lernverlaufsdiagnostik, also einer in kurzen Zeitabständen wiederholten lernbegleitenden Verlaufsmessung der

Kompetenzentwicklung, und individueller Förderung. Denn auf der Grundlage diagnostischer Informationen, die im Laufe eines Schuljahres mehrfach und idealerweise engmaschig eine Aktualisierung erfahren, werden Übungsmaterialien bereitgestellt, die dem jeweiligen Leistungsniveau der Kinder entsprechen.

Bettina Müller, Tobias Richter, Marco Ennemoser und Kollegen (Müller et al., 2013) haben ihr *Flüssigkeitstraining für Grundschulkinder* am Prinzip des begleitenden, chorischen Lautlesens ausgerichtet. Zunächst liest eine kompetente Modellperson (die Lesetrainerin) den Text einmal vor, anschließend wird derselbe Text chorisch mit der gesamten Klasse gelesen und letztendlich nochmals in einem Lesetandem. Ein solches Tandem setzt sich jeweils aus einem leseschwachen Kind und einem überdurchschnittlich guten Leser zusammen. Positive Effekte sind vor allem für die lesestärkeren Zweitklässler und für die leseschwächeren Viertklässler zu beobachten. Und in Bezug auf die Entwicklung des Leseverständnisses profitieren vor allem diejenigen Kinder, deren Leseflüssigkeit sich überdurchschnittlich schnell entwickelt hat. Auf diese Brückenfunktion der Leseflüssigkeit wurde bereits hingewiesen.

Jürgen Walter, Sarah Ide und Anna Petersen (2012) haben für ihr elfwöchiges Trainingsprogramm *Lautlesetandems in der Grundschule* die Prinzipien des begleitenden und des wiederholenden Lautlesens kombiniert und den Trainingsablauf – wie andere Leseforscher auch – in eine Sportmetaphorik eingebettet. In einer Reihe von »Geländeläufen« trainiert ein Lesetrainer seinen Lesesportler im Flüssiglesen. Die Kinder arbeiten während der elf Trainingswochen in festen Teams. In jeder Trainingseinheit ermittelt der Lesetrainer zu Beginn die in einer Minute korrekt bzw. fehlerhaft von seinem Lesesportler gelesenen Wörter, sozusagen als Ausgangswert. Neue Texte werden dann anhand zweier Fünf-Minuten-Methoden eingeübt. Zunächst wird so vorgegangen, dass der Lesetrainer seinen Schützling alleine laut lesen lässt und ihn bei Lesefehlern unterbricht und korrigiert. Dann wird chorisch laut gelesen. Am Ende einer Trainingseinheit kommt erneut das Eine-Minute-Lesen zum Einsatz. In einer österreichischen Arbeitsgruppe (Klicpera, Rainer & Gelautz, 2005) kam ein ähnliches paarweises Tutoring in Grundschulklassen zum Einsatz. Es beinhaltete eine Korrekturroutine in der bereits beschriebenen Art. In beiden Studien wurden mittlere bis hohe Effektstärken berichtet.

In unserem bereits angesprochenen Frankfurter Forschungsprojekt haben wir die oben beschriebenen *Lautlesetandems* in der Primar- und Sekundarstufe eingesetzt (Gold & Rosebrock, 2017; Lauer-Schmaltz, Rosebrock & Gold, 2014; Rosebrock, Rieckmann, Nix & Gold, 2010). Wie die Arbeit in solchen Lautlesetandems vonstattengeht und welche Rolle die Korrektur- und die Allein-Lesen-Routine dabei spielen, wurde bereits geschildert. In der Studie mit *Grundschulkindern* gab es zwei Vergleichsgruppen, um Aufschluss über das relative Ausmaß der Trainingswirksamkeit zu erhalten: (1) eine »unbehandelte« Kontrollgruppe, die während der Trainingszeiten regulären Deutschunterricht erhielt und (2) eine »alternativ behandelte« Vergleichsgruppe, bei der ebenfalls ein Lautlesetraining durchgeführt wurde, und zwar nach der Methode des Klassenlautlesens (s. o.). Auch in der Studie mit den leseschwachen *Hauptschülern* gab es zwei Vergleichsgruppen: (1) wiederum eine »unbehandelte« Kontrollgruppe und (2) eine »alternativ behandelte« Vergleichsgruppe, bei der die oben beschriebene Methode der Stillen Lesezeiten zum Einsatz kam. Mehr als 500 Sechstklässler und fast 900 Drittklässler nahmen an den beiden Trainingsstudien teil, die sich einschließlich der notwendigen Kompetenzmessungen jeweils über die Dauer eines ganzen Schuljahres erstreckten.

Die Ergebnisse der Frankfurter Studien lassen sich wie folgt zusammenfassen: (1) Bei den leseschwachen Sechstklässlern führt die Methode der Lautlesetandems zu einer substanziellen und nachhaltigen Verbesserung der Leseflüssigkeit und zu einem Transfereffekt auf das Textverstehen. Beide Effekte sind sowohl im Vergleich mit der unbehandelten Kontrollgruppe als auch im Vergleich mit der Alternativmethode der Stillen Lesezeiten zu verzeichnen. (2) Bei den Drittklässlern ist das Ergebnis weniger eindeutig. Zwar hat sich auch hier die Methode der Lautlesetandems als wirksam erwiesen, die Effektstärke gegenüber dem regulären Deutschunterricht ist allerdings nur gering und kaum größer als die für das Klassenlautlesen beobachtete. Offenbar, so zeigen eine Reihe ergänzender Analysen, Unterrichtsbeobachtungen sowie Lehrer- und Schülerbefragungen, hat es bei der Trainingskonzeption und -durchführung in den Grundschulen an der erforderlichen Adaptivität gemangelt. Dreißig Prozent der Drittklässler haben zu Protokoll gegeben, dass ihnen das Training zu langweilig gewesen sei und weitere 20 Prozent haben es als zu schwierig bezeichnet. Die einen waren also unter-, die anderen überfordert. Wo für fünf von zehn Trainingsteilnehmern das richtige Anspruchsniveau nicht getroffen wurde, sind nennenswerte Trainingseffekte kaum zu erwarten!

Die oft beeindruckende Wirksamkeit von Lautleseverfahren hat wohl damit zu tun, dass das laute Lesen die basalen Leseprozesse sichtbar bzw. hörbar macht. So werden fehlerhaft verlaufende Prozesse, die beim stillen Lesen verborgen bleiben, unmittelbar aufgedeckt. Für die pädagogische Arbeit sind damit die wichtigsten Ansatzpunkte einer direkten Leseförderung benannt: Lesefehler und ein stockender Lesefluss lassen sich gezielt angehen und durch Korrektur, Wiederholung und Übung verbessern. Bei alledem lässt sich die Leseförderung in hohem Maße als individuelle Förderung betreiben, die das unterschiedliche Lerntempo und die unterschiedlichen Lernvoraussetzungen der Kinder konsequent berücksichtigt.

Kombinierte Verfahren

Es gibt eine Reihe kombinierter Verfahren, in denen sowohl die Leseflüssigkeit als auch – mehr oder weniger explizit – zusätzlich das Textverstehen gefördert werden. Das trifft etwa für die oben bereits behandelten Lese-Sportler zu (Kawohl, 2015) und ebenso für die Geländeläufe der Lautlesetandems in der Grundschule (Walter et al., 2012).

Neben dem eigentlichen Flüssigkeitstraining der *Lese-Sportler*, das unter der Bezeichnung *Lese-Sprinter* bereits vorgestellt wurde, gibt es in diesem Trainingsprogramm einen zweiten Trainingsbaustein, die *Lese-Tandems,* zur Förderung des Leseverständnisses. Die Lese-Tandems bedienen sich der Methode des reziproken Lesens, auf die im nachfolgenden Kapitel 6 ausführlich eingegangen wird. Hier nur so viel: In Partnerarbeit werden beim reziproken Lesen der Lese-Tandems arbeitsteilig und in wechselnden Rollen drei Lesestrategien erlernt und eingeübt: (1) einen Textabschnitt zusammenfassen, (2) Vorhersagen über den Fortgang eines Textes aufstellen und (3) Verständnisschwierigkeiten klären. Wie die Lese-Sprinter haben sich auch die Lese-Tandems als wirksam erwiesen. Eine Veröffentlichung der Trainingsmaterialien ist derzeit allerdings nicht geplant.

Auch die von der Arbeitsgruppe um Tobias Richter und Marco Ennemoser (Müller et al., 2013) entwickelten Trainingsmaterialien enthalten zusätzlich zum Leseflüssigkeits- einen Lesestrategiebaustein. Darüber hinaus haben die Leseforscher einen dritten Trainingsbaustein entwickelt, nämlich ein silbenbasiertes Training zur Verbesserung des Wortlesens, also zum Erlernen des alphabetischen Prinzips. Die jeweils 25 Sitzungen umfassenden Fördermaßnahmen werden peer-gestützt und in Kleingruppen mit je zehn Kindern durchgeführt. Alle drei Trainingsbausteine haben sich als wirksam erwiesen. Eine Veröffentlichung der Trainingsmaterialien ist auch hier nicht geplant.

Auf weitere kombinierte Verfahren, bei denen der Schwerpunkt der Konzeption auf der Förderung des Textverstehens und nicht bei der Leseflüssigkeit liegt, wird im folgenden Kapitel eingegangen. Wie zu zeigen sein wird, sind für die bewährten Strategietrainings und für die bewährten kombinierten Trainingsverfahren oftmals Handbücher oder Handreichungen für den Unterricht publiziert worden. Bei den reinen Lautleseverfahren zur Förderung der Leseflüssigkeit ist dies seltener der Fall: Um sie durchzuführen, bedarf es letztlich »nur« geeigneter Übungstexte und der Kenntnis bzw. des Anwendens der leicht zu vermittelnden wiederholenden bzw. begleitenden Lautleseroutine.

Fazit

Im fünften Kapitel ist die Förderung der Leseflüssigkeit als dringliche Aufgabe im Anschluss an den Erstleselehrgang des Anfangsunterrichts bezeichnet worden. Leseflüssigkeit gilt als Brücke zwischen den hierarchieniedrigen Prozessen des Wortlesens und den hierarchiehöheren Prozessen des Textverstehens. Flüssig liest, wer weitgehend fehlerfrei, in hohem Maße automatisiert, hinreichend schnell sowie mit einer angemessenen Segmentierung und ausdrucksvollen Betonung lesen kann. Zur Förderung der Leseflüssigkeit haben sich vor allem Lautleseverfahren bewährt, die auf den Prinzipien des wiederholenden und des begleitenden Lautlesens fußen.

6 Förderung des Textverstehens

Wie bereits mehrfach erwähnt und im Rahmenmodell von Wolfgang Lenhard (2013) anschaulich illustriert, sind eine schnelle und möglichst fehlerfreie Worterkennung sowie das Erkennen der Beziehungen zwischen den Wörtern und das Herstellen von Bezügen auf der Satzebene (lokale Kohärenzen) wichtige Voraussetzungen des verstehenden Lesens (vgl. Abb. 4). Damit aber nicht nur Wörter und Sätze, sondern auch ganze Texte inhaltlich und in ihrer Intention verstanden werden, müssen die Leserinnen und Leser während des Lesens zudem

1. ihr inhaltliches Vorwissen und ihr Textformatwissen aktivieren und einbringen,
2. Schlussfolgerungen ziehen, die über einen Textinhalt hinausgehen,
3. globale Zusammenhänge erkennen, die sich im Zuge einer Verdichtung und Reduktion der Textinhalte herausschälen sowie
4. kognitive und metakognitive Strategien einsetzen, um all diese Leseprozesse zu optimieren und selbst zu steuern.

Mit diesen vier hierarchiehohen Teilprozessen des Lesens sind zugleich die Ansatzpunkte einer Förderung des Textverstehens benannt. Anders als die hierarchieniedrigen Prozesse, die im Idealfall möglichst automatisiert vonstattengehen sollten – und die sich während des Lesens einer bewussten Zugänglichkeit deshalb weitgehend entziehen –, können die hierarchiehohen Prozesse nicht nur (leichter) bewusst gemacht, sondern auch (leichter) gesteuert und durch eigenes Zutun beeinflusst werden. Genau darum geht es im Folgenden. Wie lassen sich die hierarchiehohen Prozesse bewusst machen, unter Kontrolle bringen und in ihren Abläufen optimieren? Wie lässt sich eine aktive Auseinandersetzung mit den Textinhalten fördern?

Ausgeblendet wird dabei, dass neben den kognitiven Prozessen natürlich auch die Lesemotivation und die Lesefreude sowie das lesebezogene Selbstkonzept beim Lesen eine Rolle spielen. Und dass es eine Reihe von Förderansätzen gibt, die nicht auf der Prozess-, sondern genau auf dieser Subjektebene des Lesens ansetzen (zusammenfassend: Rosebrock & Nix, 2017). Systematische Untersuchungen zur Wirksamkeit solcher Förderansätze gibt es allerdings nur wenige. Deshalb wird hier einstweilen die These vertreten, dass sich nach erfolgreichen Interventionen auf der Prozessebene des Lesens eine größere Lesefreude, eine höhere Lesemotivation und ein günstigeres Selbstkonzept infolge eines gesteigerten Kompetenzerlebens sozusagen von selbst einstellen. Wie zu zeigen sein wird, gibt es allerdings eine Reihe von Förderprogrammen, die mehr oder weniger explizit neben den Lesestrategien auch die Lese- bzw. Lernmotivation adressieren.

Lesestrategien

Das Textverstehen umschreibt die Fähigkeit zu einer angemessenen mentalen Repräsentation des Gelesenen. Wer einen Text verstanden hat, weiß, worum es in diesem Text geht, und kann das Gelesene für sich nutzbar machen. Textverstehen ist deshalb das finale Ziel des Lesens – die vorgängig behandelten Fertigkeiten der Worterkennung und der Leseflüssigkeit sind demnach als notwendige, nicht aber hinreichende Zwischenziele auf dem Weg zum Textverstehen zu betrachten. Worterkennung ist kein Selbstzweck. Auch flüssig lesen allein reicht nicht aus, denn man kann einen Text flüssig lesen, ohne seinen Inhalt zu verstehen!

Wie Texte verstanden und Textinhalte behalten werden und wie Konstruktions- und Integrationsprozesse dabei fortlaufend zusammenwirken, hat Walter Kintsch in seinem Mehrebenenmodell (▶ Kap. 1) höchst anschaulich beschrieben. Dass es beim Textverstehen zu Schwierigkeiten kommen kann, wenn hierarchieniedrige Lesefertigkeiten (noch) nicht hinreichend effizient beherrscht werden, ist im vorausgegangenen Kapitel behandelt worden und wird uns im nachfolgenden Kapitel (▶ Kap. 7) erneut beschäftigen. Hier geht es nun um die Rolle der hierarchiehöheren Prozesse beim Textverstehen – vorausgesetzt, die hierarchieniedrigen Lesefertigkeiten sind bereits vorhanden.

Von zentraler Bedeutung ist dabei der Begriff der *Lesestrategien*. Strategien sind zunächst einmal Handlungspläne oder Herangehensweisen – manche sprechen auch von »mentalen Aktivitäten« oder von »mentalen Werkzeugen« –, die verfolgt bzw. eingesetzt werden, um einen Textinhalt besser zu verstehen. Seit den 1980er-Jahren hat man sich in der Kognitiven Psychologie intensiv mit solchen Lesestrategien beschäftigt. Unter den Lesestrategien gibt es
1. kognitive Strategien, um Textinformationen zu verarbeiten,
2. metakognitive Strategien, um diese Verarbeitungsprozesse zu planen, zu kontrollieren und zu regulieren sowie
3. verhaltensbezogene Stützstrategien, die den Lesevorgang indirekt unterstützen.

Genügend Zeit zum Lesen einplanen wäre beispielsweise eine gute Stützstrategie, oder auch, dass man sich seinen Leseort optimal gestaltet und die notwendigen Hilfsmittel (z. B. Lexika) bereithält. Wichtiges zu unterstreichen oder das Anfertigen von Zusammenfassungen wären beispielsweise gute kognitive Strategien. Wer beim Textlesen merkt, dass er etwas nicht versteht oder nicht mehr ganz bei der Sache ist, überwacht seinen Leseprozess und wendet damit eine gute metakognitive Strategie an.

Wie Abbildung 8 zu entnehmen ist, wird unter den kognitiven Lesestrategien zwischen organisierenden und elaborierenden Strategien unterschieden. Als *Organisationsstrategien* (auch ordnende oder reduktive Strategien genannt) bezeichnet man Herangehensweisen, die durch Informationsreduktion eine Verdichtung der Textvorlage bewirken sollen. Beispielsweise geschieht dies durch das **Hervorheben** oder <u>Unterstreichen</u> von Hauptgedanken, durch das Erstellen von Schaubildern, durch das prägnante Zusammenfassen von Argumenten oder Sachverhalten oder durch das Aufzählen der wichtigsten Punkte eines Textes. Das Ordnen und Organisieren kann sich auch graphischer Darstellungstechniken bedienen – Abbildung 8 ist selbst ein Beispiel für eine solche Informationsverdichtung.

Als elaborierende (erweiternde) Strategien bezeichnet man demgegenüber Herangehensweisen, die nicht eine Verdichtung, sondern

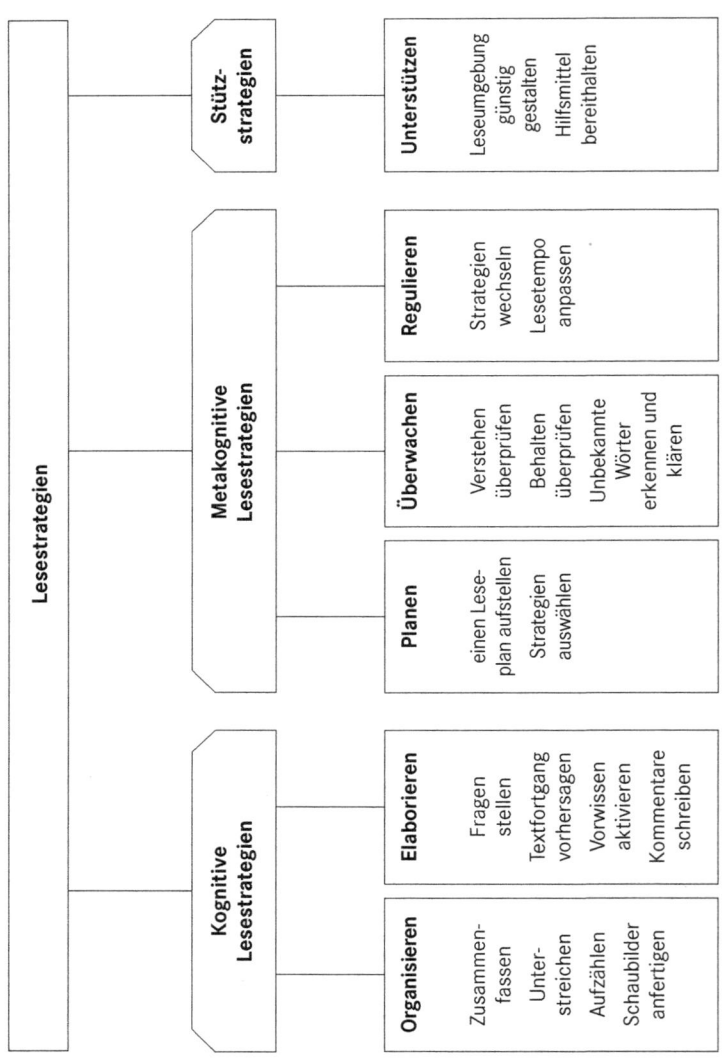

Abb. 8: Lesestrategien (nach Philipp, 2017, S. 69)

eine Anreicherung der Textvorlage zum Ziel haben. *Elaborationsstrategien* gehen über den Inhalt der Textvorlage hinaus, beispielsweise indem (eigene) Fragen an den Text gerichtet werden, der Fortgang einer Geschichte oder einer Erläuterung prognostiziert wird, die Textvorlage mit dem eigenen Vorwissen verknüpft wird, nach Anwendungsbeispielen gesucht oder Für- und Gegenargumente zu einer Textaussage generiert werden. Im Anschluss an die elaborative Verarbeitung steht in aller Regel mehr auf der Textseite als zuvor. Zum Beispiel Querverweise, Randbemerkungen oder Kommentare oder einfach nur ein Fragezeichen. Aber dieses »Mehr« ist keine zusätzliche Belastung für das Gedächtnis, sondern erleichtert eher das Behalten der Textinhalte, weil es eine Integration der Textinformationen in das bereits vorhandene Wissen befördert. Unnötig zu betonen, dass organisierende und elaborierende Strategien beim kompetenten Leser Hand in Hand zum Einsatz kommen.

Nicht in der Abbildung enthalten ist übrigens eine weitere Gruppe kognitiver Strategien, die als *Wiederholungsstrategien* oder memorierende Strategien bezeichnet werden. Sie sind weniger zum Textverstehen, sondern vielmehr zum Behalten (Einprägen) von Textinhalten hilfreich und notwendig. Beispiele für Wiederholungsstrategien sind das mehrmalige Lesen, das Abschreiben eines Textes oder das Auswendiglernen. Wichtig allerdings: Wiederholungsstrategien sollten erst dann zum Einsatz kommen, wenn der Textinhalt bereits verstanden ist, wenn also die Phasen der reduktiven und elaborativen Informationsverarbeitung bereits durchlaufen sind. Sonst wird etwas eingeprägt, das gar nicht verstanden wurde!

Metakognitive Lesestrategien werden eingesetzt, um die eigenen Leseprozesse zu planen, zu überwachen und zu regulieren. Gute Leserinnen und Leser überfliegen einen Text nach Maßgabe ihrer Leseziele und -erwartungen und entscheiden dann, ob sie den Text überhaupt richtig lesen wollen. Erst danach *planen* sie ihr weiteres Vorgehen. Sie kennen die notwendigen ordnenden und elaborativen Strategien und setzen sie zielführend ein. Sie wissen aber auch um deren Begrenztheiten und über die Begrenztheit ihres eigenen Wissens. Vor allem überwachen und bewerten sie fortlaufend ihren eigenen Leseprozess. Sie stellen sich selbst Verständnisfragen und überprüfen ihr Wissen. So merken sie auch, ob sie eine schwierige

Textstelle mehrmals lesen müssen und welcher Hilfen sie bedürfen, um ein unbekanntes Wort zu erschließen. Dass sie ihren Leseprozess selbst *regulieren,* kann man auch daran ersehen, dass Strategien gewechselt werden, wenn sie sich als nicht erfolgreich erwiesen haben.

Sind die zuvor beschriebenen *kognitiven Strategien* quasi die konkreten Handlungsanweisungen zum Umgang mit Texten, so kommt den *metakognitiven Strategien* sowohl für das Ordnen als auch für das Elaborieren eine wichtige Auswahl-, Kontroll- und Regulationsfunktion zu. Denn der Einsatz kognitiver Strategien muss geplant und überwacht werden und gegebenenfalls muss – wie bereits erwähnt – ein Strategiewechsel erfolgen. Beispiele für metakognitive Lesestrategien sind: selbst prüfen, ob ein Sachverhalt verstanden wurde; selbst prüfen, ob die Hauptgedanken eines Textes richtig erinnert werden können; selbst Fragen zum Text formulieren und beantworten. Auch die Anpassung der Lesegeschwindigkeit an die Textschwierigkeit ist eine metakognitive Strategie.

Strategien muss man nicht nur kennen, sondern auch richtig anwenden können. In erfolgreichen Strategietrainings wird deshalb nicht nur (deklaratives) Wissen über Lesestrategien vermittelt, sondern auch der situationsangemessene (prozedurale) Einsatz von Lesestrategien eingeübt. Eine Reihe bewährter Strategietrainings, für die Trainingsmaterialien in deutscher Sprache verfügbar sind, wird im Folgenden vorgestellt. Weil für eine Förderung des Textverstehens eine vorangehende Lernstandsdiagnose sinnvoll sein kann und weil auch zur Überprüfung der Wirksamkeit von Fördermaßnahmen Diagnoseinstrumente benötigt werden, wird zunächst darauf eingegangen.

Diagnose des Textverstehens

Zur Diagnose des Textverstehens gibt es neben den formellen und informellen Verfahren auch eine Reihe von Verfahren, die im Rahmen der Kompetenzmessungen in den nationalen und internationalen Schulleistungsstudien entwickelt wurden, z. B. in den *PISA-* oder in den *IGLU-*Studien sowie im Rahmen der *IQB-*Bildungstrends. Obgleich es sich bei diesen Verfahren um sorgfältig konstruierte Messinstrumente handelt, werden sie im Folgenden nicht thematisiert. Denn weder sind sie zur Individualdiagnostik geeignet, noch stehen sie zur leicht handhabbaren Anwendung im Schulalltag überhaupt zur Verfügung. Zunächst zu den *formellen Verfahren* zur Erfassung der Lesekompetenz.

Auf das Testverfahren *ELFE II,* das neben einem Subtest zum Wortverständnis auch Satzbewertungsaufgaben (das sind Fragen, die sich auf die inhaltliche Korrektheit eines Satzes beziehen) sowie einen Subtest zum Textverstehen (Fragen zum Textinhalt) enthält, wurde im Zusammenhang mit der Diagnose der Leseflüssigkeit bereits verwiesen (▶ Kap. 5). Während die beiden Subtests zum Wortverständnis und zur Satzverifikation zur Diagnose der Leseflüssigkeit taugen, wird der Subtest zum Textverstehen zur Diagnose des Leseverständnisses genutzt.

Im eigentlichen Sinne auf das Textverstehen zielen nämlich nur Testverfahren, die entweder geschlossene *(Multiple Choice)* oder offene Fragen zu einem Textinhalt enthalten. Je nach Schwierigkeitsniveau zielen diese Fragen auf die Güte der lokalen bzw. globalen Kohärenzbildung. Fragen, die sich auf konkrete Informationen beziehen, die in einem Text enthalten sind, oder für deren Beantwortung man nur die Aussagen zweier benachbarter Sätze miteinander verknüpfen muss, zielen auf das lokale Verstehen. Wenn zur Fragenbeantwortung aber Schlussfolgerungen notwendig sind, die über den Text hinausreichen oder wenn über die Intention eines Textautors gemutmaßt werden soll, geht es um globale Kohärenzleistungen.

Alexandra und Wolfgang Lenhard (2017) haben formelle (standardisierte) Lesetests, die vom ersten bis zum zwölften Schuljahr eingesetzt werden können, gesichtet und bewertet. Neben den bereits erwähnten Verfahren *ELFE* und *SLS* sind vor allem der *Frankfurter Leseverständnistest für 5. und 6. Klassen – FLVT 5-6* (Souvignier et al., 2008), sowie die *Lesetestbatterie für die Klassenstufen 6–7 – LESEN 6-7* bzw. die *Lesetestbatterie für die Klassenstufen 8–9 – LESEN 8-9* (Bäuerlein, Lenhard & Schneider, 2012a; 2012b) zu nennen. Bei diesen Verfahren wird mit Erzähl- und Sachtexten gearbeitet, zu denen Fragen zu beantworten sind.

Ebenfalls für den Einsatz in der Sekundarstufe eignet sich der *Lesegeschwindigkeits- und Verständnistest für die Klassen 6 bis 12 – LGVT 6-12* (Schneider, Schlagmüller & Ennemoser, 2017), der beide

Aspekte der Lesekompetenz, die Leseflüssigkeit und das Textverstehen, miteinander verknüpft. Nicht auf die Lesekompetenz im eigentlichen Sinne, sondern auf das lesestrategische Wissen zielt der *Würzburger Lesestrategie-Wissenstest 7–12 – WLST 7–12* (Schlagmüller & Schneider, 2007). Die Besonderheit des Verfahrens liegt darin, dass gar nicht das Textverstehen, sondern mögliche Herangehensweisen (Strategien) für die Bearbeitung von Textlernaufgaben erfragt werden. Das ist deshalb interessant, weil die meisten Förderprogramme, von denen im Folgenden die Rede sein wird, genau eine Vermittlung solcher Strategien zum Ziel haben.

Eine Sonderstellung unter den formellen Verfahren nehmen die *Lernverlaufs-* bzw. *Lernfortschrittsmessungen* ein, die in der sonderpädagogischen Tradition entwickelt wurden. Ziel solcher Verfahren ist vor allem die begleitende Dokumentation der Kompetenzentwicklung. Während die *Verlaufsdiagnostik sinnerfassenden Lesens – VSL* (Walter, 2013) als Lückentext nach der *Maze-Technik* zur Erfassung des Leseverständnisses konzipiert ist, erfasst die *Lernfortschrittsdiagnostik Lesen – LDL* (Walter, 2009) die basale Wortlesefähigkeit, also die Leseflüssigkeit (▶ Kap. 5). Bei Tests nach der *Maze-Technik* werden Auswahlwörter angeboten, die in eine Textlücke passen. Der Clou bei den Lernverlaufsmessungen: Aufgrund der vielen vorhandenen Parallelformen kann die VSL bis zu 20 Mal, die LDL bis zu 28 Mal bei denselben Kindern eingesetzt werden, so dass eine Verlaufskurve der Leistungsentwicklung erstellt werden kann.

Wenn es weniger um den Vergleich einer individuellen Leseleistung mit den Leistungen einer Bezugsgruppe geht, sondern um einen intraindividuellen Vergleich oder um das Erfüllen einer kriterialen Norm, können auch *informelle Verfahren* eine Alternative sein. Ob ein Kind in Bezug auf seine eigenen, bislang gezeigten Leseleistungen besser oder schlechter geworden ist, wäre eine Frage für einen solchen intraindividuellen Vergleich. Ob ein Kind 100 Wörter in der Minute lesen kann oder nicht, wäre ein Beispiel für das Anlegen eines absoluten Kriteriums. Die meisten informellen Verfahren werden allerdings zur Überprüfung der basalen Lesefertigkeiten und der Leseflüssigkeit eingesetzt – und nicht, wenn es um die Diagnose des Textverstehens geht. Allerdings gibt es eine Reihe von Schulbuchverlagen, die auf ihren

Online-Plattformen Fragen im Multiple-Choice-Format anbieten, die sich auf die Inhalte von Kinder- und Jugendbüchern ihres Verlagsprogramms beziehen.

Ein für Oberstufenschüler konzipiertes informelles Inventar zur raschen Selbstdiagnose des lernstrategischen Wissens in Bezug auf das Lernen aus Texten haben Souvignier und Gold (2004) entwickelt. Im Lehrbuch *Pädagogische Psychologie* (Hasselhorn & Gold, 2017, S. 331) ist dieses Inventar zusammen mit einer Auswertungsanleitung in Papierform abgedruckt, als Online-Version mit automatischer Auswertung und Interpretationsanleitung finden Sie es unter http://www.faz.net/aktuell/beruf-chance/test-wie-lernen-sie-12044788.html.

Förderung des Textverstehens durch Strategietrainings

Maik Philipp (2015) hat in verdienstvoller Fleißarbeit eine lange Liste von 156 Aktivitäten benannt, die vor, während und nach dem Lesen zum Einsatz kommen können, und diese zu einigen wenigen Hauptaktivitäten strategischen Lesens verdichtet. Weil sie in nahezu allen Trainingsverfahren entweder konkret oder zumindest als Prämissen eine Rolle spielen, werden die Wichtigsten im Folgenden aufgezählt (nach Philipp, 2015, S. 56; leicht modifiziert und gekürzt). Gute Leserinnen und Leser:
1. verschaffen sich vor dem Lesen einen Überblick über den Text,
2. suchen nach wichtigen Informationen im Text und widmen diesen Informationen mehr Aufmerksamkeit als anderen,
3. verknüpfen wichtige Informationen miteinander, um einen Text als Ganzes zu verstehen,
4. aktivieren und nutzen ihr (inhaltliches) Vorwissen, um Hypothesen über den Textinhalt zu generieren,
5. berücksichtigen und/oder verwerfen ihre Hypothesen angesichts des Textinhalts,
6. erweitern, überdenken oder revidieren ihr Vorwissen angesichts des Textinhalts,
7. ziehen Schlussfolgerungen, die über die im Text enthaltenen Informationen hinausgehen,

8. klären die Bedeutung unbekannter Wörter, soweit dies für das Textverstehen notwendig erscheint,
9. nutzen Lesestrategien zum Verstehen und Behalten von Textinhalten, indem sie z. B. Wichtiges unterstreichen, Textinhalte visualisieren oder zusammenfassen oder sich selbst Fragen stellen.

Hinzu kommt: Gute Leserinnen und Leser planen, überwachen und steuern ihren Leseprozess und ihr Leseverhalten. Sie setzen andere Lesestrategien ein, wenn sie merken, dass die bisherigen nicht zielführend waren.

Wie bringt man die Kinder und Jugendlichen dazu, so vorzugehen? Nahezu alle Strategietrainings arbeiten mit einer Kombination aus Erklären, Modellieren, angeleitetem und selbstständigem Üben. *Erklären* meint, dass Hintergrundwissen über eine Lesestrategie vermittelt und dass die Strategieanwendung explizit beschrieben wird. Zum Erklären gehört auch, dass Vorteile der Strategieanwendung deutlich gemacht werden. *Modellieren* meint, dass die Lehrperson – oft als »Lese-Meister« bezeichnet – demonstriert, wie man eine Strategie anwendet. Damit die Überlegungen deutlich werden, die den kompetenten Strategieeinsatz des Lese-Meisters begründen, wird dies oftmals anhand der Methode des Lauten Denkens geschehen. *Angeleitetes Üben* meint, dass die Schülerinnen und Schüler selbst – mit Hilfestellungen – eine neu erlernte Strategie anwenden sollen, um einen Text zu verstehen. Beim *Selbstständigen Üben* werden keine weiteren Hilfestellungen mehr gegeben. Nun kommt es darauf an, eine neu erlernte Strategie selbstständig und problemangemessen einzusetzen.

Als beispielhaft und deshalb in vielen Förderprogrammen mehr oder weniger systematisch verwendet, gilt das auf Annemarie Palincsar und Ann Brown (1984) zurückgehende Konzept des *reziproken Lernens und Lehrens*. Beim reziproken Lesen werden vier Lesestrategien vermittelt: (1) Fragen zum Text formulieren, (2) einen Textabschnitt zusammenfassen, (3) Vorhersagen über den Fortgang des Textes aufstellen und (4) Verständnisschwierigkeiten klären. Nach dem Prinzip des Modellierens macht ein Lese-Meister zunächst vor, wie das geht. Dann lesen Kinder in Kleingruppen mit verteilten Rollen kürzere Textteile selbstständig und jeweils eines der Kinder übernimmt die Lehrerrolle und fordert die Strategieanwendung ein – und die anderen Kinder übernehmen die Schülerrolle. Beim nächsten Textabschnitt werden die Rollen gewechselt.

Inspiriert durch die US-amerikanischen Studien aus den 1980er-Jahren sind auch in deutscher Sprache seit Ende der 1990er-Jahre einige Trainingsprogramme entwickelt und erprobt worden. Im Folgenden werden einige Programme ausführlicher beschrieben, die a) theoretisch fundiert und b) positiv evaluiert worden sind. Zunächst werden unter diesen jene Programme vorgestellt, die zudem c) publiziert und im Buchhandel erhältlich und damit für die Lehrerinnen und Lehrer leicht zugänglich sind. Anschließend wird auf interessante Ansätze verwiesen, die sich noch im Forschungsstadium befinden oder für die eine praktische Handreichung für den Unterricht gar nicht vorgesehen ist. Ganz am Schluss werden Förderprogramme erwähnt, die zwar theoretisch fundiert scheinen, für die aber der empirische Nachweis ihrer Wirksamkeit noch aussteht oder gar nicht geplant ist.

Zu bedenken ist, dass es sich bei den Evaluationsstudien – wie schon bei den Trainings zur Förderung der Leseflüssigkeit – in aller Regel um wissenschaftliche Untersuchungen unter kontrollierten Bedingungen handelt. Das ist zwar von Vorteil, weil es zunächst einmal um einen verlässlichen Nachweis der grundsätzlichen Wirksamkeit eines Förderverfahrens geht. Denn ohne diesen Nachweis empirischer Evidenz geht gar nichts! Über Gelingensbedingungen einer erfolgreichen Implementation solcher Förderverfahren in den »normalen« schulischen Unterricht ist damit aber noch nicht viel gesagt. Es ist ein weiter Schritt von »die Wissenschaft hat festgestellt« bis zur Verankerung und zum Funktionieren einer Fördermethode in der unterrichtlichen Praxis.

Beispiel: Text- und Lesedetektive

Lange Jahre waren die Text- und Lesedetektive, die in meiner Frankfurter Arbeitsgruppe entwickelt wurden (Gold et al., 2004; Rühl & Souvignier, 2006), das einzige publizierte und nachweislich wirksame Förderprogramm im Bereich der Lesestrategien. In der ersten und zweiten Auflage von *Lesen kann man lernen,* machten die Textdetektive denn auch ein gutes Viertel des Buchumfangs aus.[6]

Das Trainingsprogramm *Wir werden Textdetektive* macht die Leserinnen und Leser zu Detektiven. Wie ein (richtiger) Detektiv sucht ein Textdetektiv in einem Text nach Informationen über dessen Inhalt, über die Beweggründe und Absichten des Textautors und nach der globalen Botschaft, die der Text enthält. Die Lehrperson erklärt und modelliert explizit eine Reihe von Lesestrategien (Detektivmethoden), welche die Aufklärungsarbeit beim Textverstehen erleichtern. In Phasen angeleiteten und selbstständigen Übens werden diese Detektivmethoden eingeübt und es wird im Sinne einer Leseroutine ein Leseplan erarbeitet, der eine sinnvolle Abfolge des Strategieeinsatzes und der strategischen Überlegungen vorgibt. Als Erster hatte der Amerikaner Scott Paris (Paris, Cross & Lipson, 1984) die Metaphorik des Textdetektivs gewählt, um ein strategisches Lesetraining durch eine spannende Rahmenhandlung kindgerecht zu gestalten.

Insgesamt werden sieben Lesestrategien bzw. Detektivmethoden (DM) vermittelt, vier kognitive und drei metakognitive Strategien: Überschrift beachten, sich etwas bildlich vorstellen, Wichtiges unterstreichen, Wichtiges zusammenfassen, Umgang mit Textschwierigkeiten, Verstehen überprüfen, Behalten überprüfen. Ein großformatiges Lehrermanual (112 Seiten) enthält 14 ausgearbeitete Lehreinheiten zur Durchführung des Programms. Das Manual enthält Folien- und Kopiervorlagen und weitere Arbeitsmaterialien. Das Arbeitsheft für die Schülerinnen und Schüler (48 Seiten) enthält sämtliche Texte und Merkblätter sowie die Detektivkarten, die während der Programmarbeit benötigt werden. In Gymnasialklassen werden etwa 20, in Haupt-, Real- und Gesamtschulklassen 25 bis 30 Unterrichtsstunden benötigt, um das Programm durchzuführen – idealerweise nicht en bloc, sondern verteilt auf ein Schulhalbjahr.

---

6 Detailliert informiert die Website www.textdetektive.de über die Entwicklung und Weiterentwicklungen der Text- und Lesedetektive, über die wissenschaftlichen Studien zu ihrer Wirksamkeit und über die unterrichtspraktischen Erfahrungen. Dort finden sich auch Auszüge aus der 2. Auflage von *Lesen kann man lernen* mit einer ausführlichen Programmbeschreibung.

Lese-strategien	Elaborationsstrategien (über den Text hinausgehen) → Verstehen	Organisationsstrategien (den Text verdichten) → Behalten
Kognitive Strategien	• Überschrift beachten • sich etwas bildlich vorstellen	• Wichtiges unterstreichen • Wichtiges zusammenfassen
Metakognitive Strategien	• Umgang mit Textschwierigkeiten • Verstehen überprüfen	• Behalten überprüfen

Abb. 9: Die sieben Lesestrategien der Textdetektive (nach Gold et al., 2004, S. 24)

Unter den sieben Lesestrategien wird nach ihrer Funktionalität zwischen Verstehens- und Behaltensstrategien unterschieden. Das ist eine zusätzliche, nicht immer trennscharfe Unterscheidungsdimension, die zur bereits skizzierten Unterscheidung zwischen den kognitiven und den metakognitiven Strategien hinzukommt. Die sieben Lesestrategien werden im Folgenden ausführlicher beschrieben, weil die meisten von ihnen auch in den anderen Strategietrainings eine Rolle spielen. Zunächst zu den vier *Verstehensstrategien,* unter denen die ersten beiden als kognitive und die beiden anderen als metakognitive Lesestrategien gelten (vgl. Abbildung 9):

Überschrift beachten (DM 1) ist die erste Detektivmethode, die vermittelt und eingeübt wird. Warum? Schon die Textüberschrift enthält in aller Regel Informationen darüber, worum es in einem Text gehen wird. Wer anhand der Text- oder Textabschnittsüberschrift den Inhalt des nachfolgenden Textes antizipiert, bereitet sich damit auf das Textlesen vor. Diese Vorbereitung besteht darin, dass inhaltliches Vorwissen (und ggf. Textformatwissen) aktiviert wird und so die Textinformationen leichter Kohärenz erreichen und auch leichter Anknüpfungen an das Vorwissen herzustellen sind. *Überschrift beachten* ist eine kognitive, elaborative Verstehensstrategie.

Bildlich vorstellen (DM 2) ist die zweite Detektivmethode. Sie hilft beim Verstehen von Erzähltexten, kann aber auch bei Sachtexten zu einem tieferen Verständnis führen. Das bildliche Vorstellen reichert das Gelesene an und erleichtert den Aufbau eines Situationsmodells. Viele Kinder wenden beim Lesen literarischer Texte diese Methode ohnehin automatisch an – wie im Kopfkino. Es gibt aber auch Kinder, denen man beibringen muss, wie man sich etwas bildlich vorstellt. Sich etwas bildlich vorzustellen ist eine kognitive, elaborative Verstehensstrategie.

Umgang mit Textschwierigkeiten (DM 3) ist die dritte Detektivmethode und die erste metakognitive Strategie, die vermittelt und eingeübt wird – jedenfalls hat sie metakognitive Anteile, denn um mit Textschwierigkeiten umgehen zu können, muss ich sie zunächst einmal überhaupt (Überwachung!) erkannt haben. Wichtig ist, dass über unbekannte Wörter nicht einfach hinweggegangen wird. Das heißt nicht unbedingt, dass jedes unbekannte Wort sofort nachgeschlagen und erklärt werden muss. Sinnvoll ist aber, wenn eine Problemstelle markiert und zur Klärung vorgemerkt wird. Der angemessene Umgang mit Textschwierigkeiten ist eine metakognitive Verstehensstrategie.

Verstehen überprüfen (DM 4) ist die vierte Detektivmethode, die vermittelt und eingeübt wird. Dabei werden zur Selbstprüfung Fragen an einen Text formuliert. Wie-, Weshalb- und Warum-Fragen lassen sich nur dann beantworten, wenn das Gelesene auch verstanden wurde. Wie schon beim Umgang mit Textschwierigkeiten handelt es sich beim Überprüfen des Verstehens um eine metakognitive Verstehensstrategie. Metakognitiv deshalb, weil durch die selbst gestellten Fragen bewusst eine Überwachungsperspektive des eigenen Leseprozesses eingenommen wird. Die Verstehensprüfung kann dazu führen, dass ein Textabschnitt nochmals gelesen werden muss oder dass zusätzliche Hilfen und/oder andere Strategien in Anspruch genommen werden (Selbstregulation).

Nun zu den drei Behaltensstrategien, von denen sich die ersten beiden wiederum als kognitive Lesestrategien charakterisieren lassen und die letzte als metakognitive:

Wichtiges unterstreichen (DM 5) ist die fünfte Detektivmethode. Sie zielt darauf ab, einen Text auf seine wesentlichen Aussagen zu reduzieren. Ein Wort oder ein Argument, das wichtig ist, um einen Text zu verstehen, wird unterstrichen oder mit einem Textmarker markiert. An Beispieltexten wird gemeinsam erarbeitet, welches solche zentralen Informationen sind und wie man sie erkennt. Ohne inhaltliches Vorwissen ist es nicht einfach, Wichtiges von weniger Wichtigem zu unterscheiden. Unterschiedliche Vorkenntnisse und unterschiedliche Leseabsichten bringen es auch mit sich, dass unterschiedliche Textstellen für wichtig gehalten werden. Wichtiges unterstreichen ist eine kognitive, organisierende Behaltensstrategie.

Wichtiges zusammenfassen (DM 6) zielt ähnlich wie die DM 5 auf eine Reduktion der Textkomplexität. Das Zusammenfassen in eigenen Worten dient dazu, die wesentlichen Textaussagen festzuhalten. Das Unterstreichen und das Zusammenfassen ergänzen einander – wobei das Zusammenfassen die vergleichsweise schwierigere Übung darstellt, weil etwas »produziert« werden muss. Beide Detektivmethoden bringen den Text in eine auf das Wesentliche reduzierte Form, die sich leichter einprägen und wiedergeben lässt. Wichtiges zusammenfassen ist eine kognitive, organisierende Behaltensstrategie.

Behalten überprüfen (DM 7) ist die letzte Detektivmethode des Textdetektive-Programms. Weil wiederum – wie schon bei DM 4 – die Überwachungsperspektive eingenommen wird, ist das Überprüfen des Behaltens eine metakognitive Lesestrategie. Um das Behalten des Gelesenen zu überprüfen, kann man die wichtigsten Textinhalte laut aufsagen oder einer anderen Person vortragen. Auch die Behaltensprüfung kann dazu führen, dass ein Textabschnitt nochmals gelesen werden muss oder dass zusätzliche Hilfen und/oder andere Strategien in Anspruch genommen werden (Selbstregulation).

Weitere Programmbausteine, auf die hier im Detail nicht eingegangen werden kann, beinhalten – wie andere Förderprogramme auch – zusätzliche Übungen zur kognitiven und motivationalen Selbstregulation. Nach dem Erarbeiten und Einüben der Lesestrategien werden gemeinsam Mittel-Ziel-Überlegungen angestellt, die in einen Leseplan münden. Diesen Leseplan können die Kinder nach Abschluss der Programmarbeit als Lesezeichen nutzen (Abbildung 10).

Im Unterschied zu den Textdetektiven lernen die Lesedetektive nur vier Lesestrategien kennen. *Wir werden Lesedetektive* ist eine im Anspruchsniveau reduzierte Version des Strategietrainings für besonders lern- und leseschwache Kinder und Jugendliche (Rühl & Souvignier, 2006). Die vier Detektivmethoden der Lesedetektive sind: *Überschrift beachten, Zusammenfassen von Geschichten, Zusammenfassen von Sachtexten* und *Umgang mit Textschwierigkeiten*. Am Ende wird eine Checkliste erarbeitet, aus der eine Routine werden soll. Etwa 30 Unterrichtsstunden sind für die Durchführung des Lesedetektive-Programms zu veranschlagen. Die Text- und die Lesedetektive eignen sich zur Durchführung mit der gesamten Klasse – vorausgesetzt, die Kinder und Jugendlichen können bereits flüssig lesen. Die Text- und Lesedetektive haben sich in einer Reihe von Evaluationsstudien als nachhaltig wirksames Förderprogramm erwiesen.

Beispiel: Käpt'n Carlo

Das Förderprogramm *Käpt'n Carlo* zielt in 14 Unterrichtsstunden auf die Fähigkeit zur Selbstregulation des strategischen Lesens von Sachtexten (Spörer et al., 2016). Wie bei den Text- und Lesedetektiven wird für die Trainingsarbeit eine Metaphorik benutzt, um das Lesetraining in eine altersgerechte Rahmenhandlung einzubetten: Käpt'n Carlo und sein Papagei Einstein suchen einen Leseschatz! Der Einsatzbereich ist die vierte und fünfte Klassenstufe. Vornehmlich wird nach der oben bereits beschriebenen Methode des reziproken Lesens gearbeitet. Die vier in *Käpt'n Carlo* vermittelten Lesestrategien sind: *Klären, Fragen, Zusammenfassen* und *Vorhersagen* – ganz in der Logik

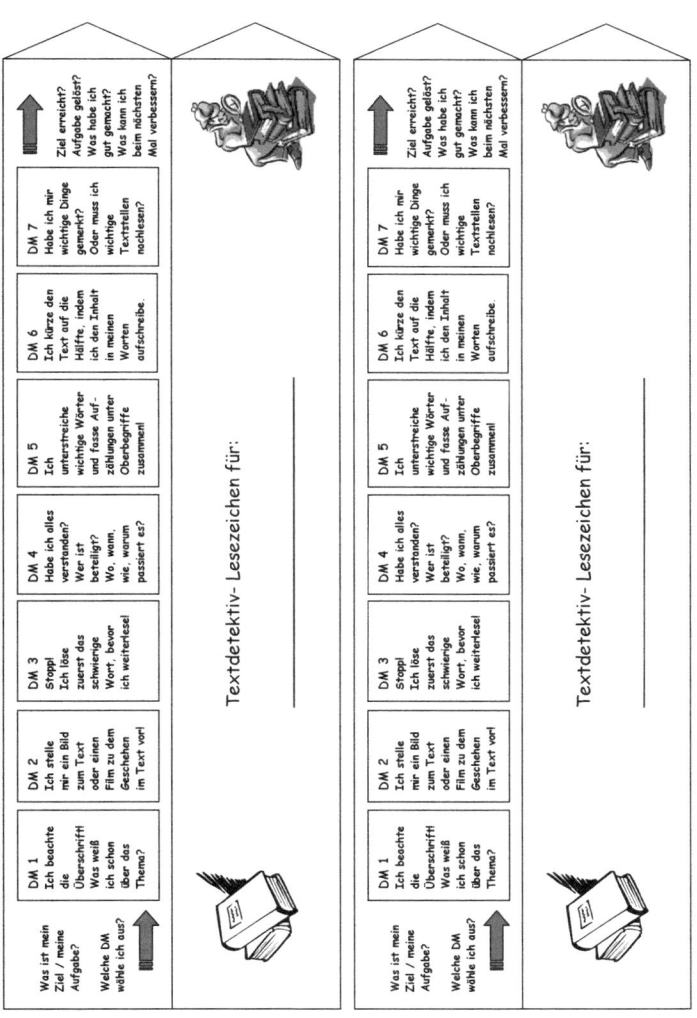

Abb. 10: Lesezeichen der Textdetektive (Gold et al., 2004, S. 100)

des von Palincsar und Brown (1984) skizzierten Vorgehens. Zu Beginn der Trainingsarbeit erklärt und modelliert die Lehrperson die vier Lesestrategien und verwendet dabei die Methode des Lauten Denkens.

Besonderer Wert wird bei *Käpt'n Carlo* neben der Strategiearbeit auf die Ausgestaltung und Bewusstmachung metakognitiver Zielsetzungs- und Reflexionsprozeduren gelegt. Insofern geht das *Käpt'n Carlo*-Training über eine reine Strategievermittlung nach der Methode des reziproken Lesens hinaus. Es wird mit Lerntagebüchern (Logbüchern) gearbeitet, um individuelle Lern- und Leistungsziele mit dem eigenen Lernverhalten, mit der Wirksamkeit eigener Anstrengungen und mit dem Einsatz strategischer Aktivitäten verknüpfen zu können.

Eine Reihe von Evaluationsstudien aus der Potsdamer Arbeitsgruppe um Nadine Spörer belegen die Programmwirksamkeit und auch die gute Implementierbarkeit von *Käpt'n Carlo* in die Unterrichtspraxis. Bemerkenswert sind im Übrigen die Initiativen der Potsdamer Arbeitsgruppe in Bezug auf eine systematische Lehrer(innen)fortbildung und im Hinblick auf eine verlässliche Implementierbarkeit des Programms in den Regelunterricht. Nicht selten ist es nämlich gerade bei den forschungsbasiert entstandenen Programmen wie *Käpt'n Carlo* so, dass sie zwar theoretisch fundiert und unter kontrollierten Bedingungen nachweislich wirksam sind – dass sich aber bei der Übertragung auf die Unterrichtspraxis eine Sollbruchstelle auftut.

Denn ein von »externen Experten« entwickeltes Programm kann so fundiert und so wirksam sein, wie es will: Wenn man die Lehrerinnen und Lehrer mit ihrer besonderen pädagogischen Expertise und mit ihrem diagnostischen Wissen über die Leistungsfähigkeit und über die Lernvoraussetzungen ihrer Schülerinnen und Schüler bei der Gestaltung und Umsetzung nicht auf Augenhöhe einbezieht, wird das Erreichte hinter dem Möglichen zurückbleiben. Philipp und Souvignier (2016) weisen auf diese Implementationsproblematik hin und plädieren für eine Implementationsstrategie der *Mutual Adaptation,* mit frühzeitiger Information der Lehrenden über eine geplante Innovation und mit einer flexiblen Anpassung an die Erfordernisse der unterrichtlichen Praxis bei der Programmdurchführung.

Beispiel: Lesen im Leseteam trainieren

Auch das Förderprogramm *Lesen im Leseteam trainieren* (Munser-Kiefer & Kirschhock, 2012) arbeitet nach der Methode des reziproken Lesens – diesmal mit Kindern dritter und vierter Klassen. Wieder werden die vier bewährten Lesestrategien *Klären, Fragen, Zusammenfassen* und *Vorhersagen* vermittelt und eingeübt. Wieder wird nach einer einführenden Phase und nach den gemeinsamen Übungen im Klassenverband die eigentliche Trainingsarbeit in Kleingruppen (Leseteams) erbracht. Zu rechnen ist mit 30 bis 40 Programmeinheiten im Umfang von jeweils einer Unterrichtsstunde.

Auch die Autorinnen von *Lesen im Leseteam trainieren* heben hervor, dass es zusätzlicher Reflexionsphasen im Klassenunterricht bedarf, damit nicht nur (deklaratives) Wissen über Lesestrategien erworben, sondern auch ein selbstständiger, flexibler und situationsangemessener Einsatz solcher Strategien gebahnt wird. Als Gelingensbedingungen des Strategietrainings benennen sie auch, dass ein Mindestniveau basaler Lesefertigkeiten bereits vorhanden sein muss. Was aber, wenn eine größere Anzahl der Dritt- und Viertklässler noch Schwierigkeiten mit dem Wortlesen und mit der Leseflüssigkeit hat?

Dem wird Rechnung getragen. Das Strategietraining im Leseteam ist nur einer von zwei Programmbausteinen. Vorangestellt ist ein Programmbaustein zur Förderung basaler Lesefertigkeiten (Blitzlesen) durch *gemeinsames Lautlesen*. Wo noch nicht hinreichend flüssig gelesen werden kann, müssen ausreichende Lernzeiten für diesen ersten Programmbaustein eingeplant werden. Auch das Lautlesen findet in Partnerarbeit statt, indem abschnittsweise abwechselnd laut gelesen wird. Das jeweils nicht lesende Kind coacht seinen Partner, indem es ihn auf Fehler aufmerksam macht. Die Fehlerwörter werden dann gemeinsam korrigiert und geübt.

Vorliegende Evaluationsstudien belegen die Wirksamkeit des Förderprogramms, und zwar sowohl im Hinblick auf eine Leistungssteigerung bei der Worterkennung (basale Lesefertigkeiten) als auch für den Erwerb von Lesestrategiewissen. Nicht ganz so groß fallen die Effekte auf das Leseverständnis aus. Besonders überraschend ist diese vergleichsweise geringere Wirksamkeit nicht, weil für die meisten Dritt- und Viertklässler ein Strategietraining noch zu früh kommen wird. Vor allem für die besonders leseschwachen Kinder sind die Zugewinne folglich nur gering.

Beispiel: Lesetraining Burg Adlerstein

Das *Lesetraining Burg Adlerstein* (Pronold-Günthner et al., 2014) vermittelt kognitive und metakognitive Lesestrategien und ist für Schülerinnen und Schüler der Jahrgangsstufen 4 bis 6 geeignet. Insbesondere sind leseschwache Sekundarschüler der fünften und sechsten Jahrgangsstufe die Zielgruppe des Programms.

Im Rahmen eines siebenstufigen Selbstregulationszyklus sollen die Schülerinnen und Schüler drei metakognitive und kognitive Lesestrategien erlernen. Die drei Lesestrategien sind: (1) *Fragen zu einem Text formulieren,* um eine zielorientierte Lesehaltung aufzubauen, (2) *einen Text selektiv überfliegen* sowie (3) *Überschriften* zu einzelnen Textabschnitten generieren. Gearbeitet wird mit einem Erzähltext – dies ist schon deshalb bemerkenswert, weil sich die meisten Strategietrainings auf das Lesen von Sachtexten beziehen. Die in 30 kurze Kapitel eingeteilte Textgrundlage erzählt eine fortlaufende Geschichte um das Sportinternat Burg Adlerstein. Zu jedem gelesenen Kapitel werden zehn Fragen zum Textverstehen gestellt, die unterschiedliche Niveaus der Verstehensleistung adressieren: Informationen wiedergeben, Informationen verknüpfen und Schlüsse ziehen, Inhalte reflektieren und bewerten.

Der Selbstregulationszyklus, der während der Programmarbeit mehrfach durchlaufen wird, umfasst insgesamt sieben Komponenten, und zwar zur (1) Selbsteinschätzung, (2) Zielsetzung und (3) Strategieplanung *vor dem Lesen,* zur (4) Strategieanwendung, (5) Strategieüberwachung und (6) Strategieanpassung *während des Lesens* sowie (7) zur Ergebnisbewertung *nach dem Lesen.* Das Training kann im Regelunterricht eingesetzt werden, aber auch zur individuellen Förderung leseschwacher Schülerinnen und Schüler. Für das gesamte Trainingsprogramm sind etwa 35 Unterrichtsstunden einzuplanen. Das Training sollte über einen längeren Zeitraum, aber in einem Stück absolviert werden. Ein Lehrermanual sowie die von den Kindern benötigten Arbeitshefte sind publiziert. Erste Evaluationsstudien belegen moderate Effekte – vor allem im Hinblick auf die basalen Lesefertigkeiten.

Beispiel: Kooperatives Lesen mit TRAIL

TRAIL (Training Reading and Improving Literacy) ist ein kooperatives Lernarrangement auf der Grundlage des Tandemlesens mit einem besser lesenden und einem leseschwächeren Partner. Das Trainingsprogramm ist von Maik Philipp, Martin Brändli und Katharina Kirchhofer (2014) in der »bergigen« Schweiz entwickelt worden, weshalb im Sinne einer landesstereotypen Klettermetapher von Streckenprofilen und von Aufstiegen die Rede ist und von Vor- und Nachkletterern bzw. von Kletterern und von Sicherern. Gemeinsam lesen die *Vor- und Nachkletterer* einen Sachtext halblaut und schulen so ihre Leseflüssigkeit. In wechselnden Rollen erlernen sie nach den Prinzipien des reziproken Lesens verschiedene Lesestrategien, um Textinhalte besser zu verstehen.

TRAIL sieht drei Trainingslektionen pro Woche vor. Dem Trainingsmanual ist eine CD mit mehr als 130 Übungstexten in unterschiedlichen Schwierigkeitsstufen beigefügt. Auch gibt es Materialvorlagen, anhand derer die Jugendlichen ihren Fortschritt bei der Leseflüssigkeit regelmäßig überprüfen können. *TRAIL* ist ein kombiniertes Programm, weil sowohl basale Lesefertigkeiten, als auch hierarchiehöhere Verstehensprozesse trainiert werden. In insgesamt zwölf Lektionen geht es z. B. (1) um die Förderung des flüssigen Lautlesens, (2) um das Nacherzählen von Texten, (3) um das Erkennen von Kernaussagen, (4) um das Zusammenfassen von Textinhalten und (5) um das Vorhersagen nachfolgender Textinhalte.

Als Vermittlungsform spielt das Prinzip des kooperativen Lernens und Lehrens eine große Rolle – wie wir es bereits in den Lautlesetandems zur Förderung der Leseflüssigkeit und bei den Lesesportlern durch die Methode des reziproken Lesens zur Förderung von Lesestrategien kennengelernt haben. Hinzu kommen die Prinzipien des Modelllernens sowie das Verwenden von Lerngerüsten (Scaffolding). Damit hat die Schweizer Autorengruppe sowohl was die Programminhalte angeht, als auch was die Vermittlungsformen angeht, alle theoretisch begründeten und nachweislich wirksamen Elemente erfolgreicher Leseförderung berücksichtigt. Es verwundert nicht, dass positive Evaluationsergebnisse vorliegen.

Die Empfehlungen zur Programmdurchführung zeichnen sich – wie auch bei den Textdetektiven und anderen strategieorientierten Programmen – durch eine vergleichsweise Engführung und durch detaillierte Anweisungen aus. Zu jeder Lektion werden nicht nur die Lernziele, die benötigten Unterlagen sowie ein Zeitplan vorgegeben bzw. bereitgestellt, sondern es wird auch die exakte Vorgehensweise skizziert, bis hin zu den Instruktionen der Lehrpersonen im Wortlaut. Mancher mag dies als unerwünschte Gängelung wahrnehmen, andere betrachten diese Engführung als erwünschte Hilfestellung.

Beispiel: conText

Das Leseförderprogramm *conText* (mit Texten arbeiten) unterscheidet sich von den bislang vorgestellten Programmen. Anders als etwa bei den Textdetektiven oder bei den Leseteams werden Lesestrategien nämlich nicht explizit vermittelt, sondern sollen implizit erlernt (entdeckt) werden. Hinter *conText* (Lenhard et al., 2013) verbirgt sich ein intelligentes tutorielles System, mit dessen Hilfe die Fähigkeit zum Zusammenfassen von Texten – einer der wichtigsten Lesestrategien überhaupt – sukzessive verbessert werden soll.

conText besteht aus vier Programmschritten und erfordert die Bereitstellung von Computern für die Programmteilnehmer. Zunächst wird die Bedienung des Programms erläutert und es wird erklärt, was man unter einer *Zusammenfassung* versteht. Schülerinnen und Schüler der Sekundarstufe lesen anschließend zunächst (1) einen Sachtext. Etwa 20 naturwissenschaftliche Sachtexte bietet das Programm *conText* für die Trainingsarbeit an, weitere Texte können bei Bedarf über einen Editor hinzugefügt werden. Danach muss (2) eine Zusammenfassung in eigenen Worten geschrieben werden. Während sie das tun, erhalten die Schülerinnen und Schüler online automatische Rückmeldungen über die Anzahl der bereits geschriebenen Wörter, über falsch geschriebene Wörter, über stilistische Inkonsistenzen sowie über »plagiierte« Wörter und Satzteile. Plagiierte Wörter sind die Originalwörter des gelesenen Textes. Im nächsten Programmschritt wird (3) eine automatische Satzanalyse der angefertigten Zusammenfassung vorgenommen. Die Programmsoftware bedient sich dazu eines Verfahrens aus dem Bereich der automatischen Sprachverarbeitung – der Latenten Semantischen Analyse –, das auf die Erkennung von Bedeutungsinhalten auf der Wortebene spezialisiert ist. Zu jedem der 20 Programmtexte gibt es quasi eine interne Masterfolie – eine Idealzusammenfassung des Textinhalts –, die als Referenz betrachtet wird. Im Rahmen der Satzanalyse werden Dopplungen (Redundanzen) genauso markiert wie Sätze, die mit dem Originaltext inhaltlich gar nichts zu tun haben (irrelevante Sätze). Die Lerner werden nun zum »Nachbessern« aufgefordert. Im letzten Programmschritt erfolgt (4) eine inhaltliche Rückmeldung zu den finalen Zusammenfassungen. Damit ist gemeint, dass *conText* für den gesamten Text wie für jeden einzelnen Textabschnitt eine Bewertung darüber »ausgibt«, wie gut der Textinhalt durch die geschriebene Zusammenfassung wiedergegeben ist. Weil die Schülerinnen und Schüler das Trainingsprogramm selbstständig durchlaufen, gibt es im Anschluss an diese Inhaltsrückmeldung zwei Optionen: Entweder sie überarbeiten ihren Entwurf und durchlaufen die vier Programmschritte erneut oder sie sind mit dem Ergebnis – mit ihrer Zusammenfassung – zufrieden und wählen ggf. einen weiteren Sachtext zur Bearbeitung aus.

Die Grundidee ist, dass es durch angeleitetes Üben und durch korrigierende Rückmeldungen gelingt, die wichtige Lesestrategie des Zusammenfassens prozedural zu erwerben, ohne dass das deklarative Strategiewissen explizit vermittelt wird. Und ohne dass die Lehrperson (der Lese-Meister) die kompetente Strategieanwendung modelliert. Über die automatisierten Rückmeldungsschleifen – so die lerntheoretische Überlegung – werden die Textinhalte intensiver verarbeitet und die Zusammenfassungen sukzessive besser und vollständiger. Evaluationsstudien zeigen, dass dies gelingt. Bemerkenswert ist, dass nicht nur die Leseflüssigkeit und das Textverstehen durch *conText* verbessert werden, sondern dass zugleich Lesestrategiewissen erworben wird – obgleich doch deklaratives Strategiewissen gar nicht explizit vermittelt wurde.

Wolfgang Schneider (2017), einer der Programmentwickler, weist auf zwei Schwachpunkte hin, die es bei einer Weiterentwicklung von *conText* zu beheben gilt. Zum einen erfassen die Programmalgorithmen nur die Wortbedeutungen und lassen syntaktische Aspekte fast völlig außer Acht. Das ist eine extreme Vereinfachung der Bedeutungsanalyse, weil es bei der Herstellung lokaler Kohärenzen sehr wohl auf die Beziehungen zwischen Wörtern ankommt und auf die Wortreihenfolge in Sätzen. Und die zweite Einschränkung besteht darin, dass (orthographisch) falsch geschriebene Wörter bei der Satzanalyse vom Programm gar nicht erkannt und auch nicht verarbeitet werden. Für rechtschreibschwache Kinder und Jugendliche, deren Zusammenfassungen nicht selten viele Schreibfehler enthalten, ist *conText* demnach nicht geeignet.

Beispiel: Lesen macht stark

Anders als bei den bislang vorgestellten Verfahren handelt es sich bei dem in Schleswig-Holstein entwickelten Förderkonzept *Lesen macht stark* um eine vom Bildungsministerium initiierte (und auch finanzierte) großflächige Maßnahme im Sinne eines durchgängigen Förderkonzepts von der ersten bis zur achten Jahrgangsstufe. *Lesen macht stark* wird an vielen Hauptschulen, Gemeinschaftsschulen und Grundschulen in Schleswig-Holstein eingesetzt. Für die Lehrpersonen stehen professionell entwickelte und gestaltete Diagnose- und Fördermaterialien zur Verfügung und sie werden mit intensiven Maßnahmen der Lehrerfortbildung auf die Programmarbeit vorbereitet. Eine umfängliche wissenschaftliche Begleitung und Evaluation wird vom Institut für Qualitätsentwicklung an Schulen Schleswig-Holstein (IQSH), dem Leibniz-Institut für die Pädagogik der Naturwissenschaften und Mathematik (IPN), der Christian-Albrechts-Universität zu Kiel (CAU) und dem Kölner Mercator-Institut für Sprachförderung und Deutsch als Zweitsprache (MI) verantwortet.

Inhaltlich wird das gemacht, was in den meisten anderen Förderprogrammen auch gemacht wird: Kognitive und metakognitive

Lesestrategien werden vermittelt und eingeübt und durch das Bereitstellen interessanter Texte sollen die Lesezeiten und die Lesemotivation erhöht bzw. gefördert werden. Für Schülerinnen und Schüler der Primarstufe bzw. für die besonders leseschwachen älteren Kinder wird zudem das Lesen auf Wortebene geübt.

Eine individuelle Lesemappe (Riecke-Baulecke, 2009) enthält Registerblätter zur Dokumentation und Ritualisierung von Lesezeiten (Lesewoche), zur Steigerung der Lesemotivation (Lesetexte), zur Förderung der Selbststeuerung der eigenen Leseprozesse (Nachdenken), zur Entwicklung von Lesestrategien (Lesetipps) und zur Dokumentation der eigenen Lernfortschritte (Lernplan). Im Abschnitt *Lesetipps* heißt es beispielsweise unter *Texte lesen – Schritt für Schritt:*

Vor dem Lesen
- Was weißt du schon über das Thema?
- Welche Fragen hast du an den Text?
- Warum/mit welchem Ziel liest du diesen Text?

Während des Lesens
- Lies den Text einmal ganz. Lies über schwierige Stellen hinweg.
- Nutze Abbildungen.
- Teile den Text in Abschnitte ein.
- Markiere Schlüsselbegriffe. Mache Randnotizen.

Nach dem Lesen
- Fasse einzelne Abschnitte zusammen.
- Schreibe offene Fragen auf.
- Vergleiche dein Vorwissen mit den neuen Informationen.
- Sprich mit jemandem über das Gelesene.

Und ebenfalls unter Lesetipps heißt es im Abschnitt *Texte knacken in sechs Schritten.*
1. Sieh dir die Bilder an, wenn es welche gibt.
2. Lies die Überschrift.
3. Lies die Einleitung, wenn es eine gibt.
4. Achte auf die Absätze und ihre Überschriften.
5. Achte auf Schlüsselwörter.
6. Schlage schwierige Wörter erst zum Schluss im Lexikon nach.

Eine Besonderheit von *Lesen macht stark* – wie im Übrigen auch des analog konzipierten Förderkonzepts *Mathe macht stark* – ist das Prinzip der individuellen Förderung durch das Bereitstellen von Lernmaterialien, die auf die unterschiedlichen Lernausgangslagen der Kinder genau abgestimmt sind. Deshalb ist eine Eingangsdiagnostik vorangestellt, um die Schülerinnen und Schüler während des Trainings mit solchen Übungsheften arbeiten zu lassen, die ihren Lernfähigkeiten entsprechen.

Weil die Konzeption von *Lesen macht stark* in einer Reihe von Publikationen des IQSH dargelegt wurde und weil die Fördermaterialien mittlerweile im Cornelsen-Verlag leicht zugänglich sind, kann das Förderprogramm natürlich auch an Schulen außerhalb Schleswig-Holsteins zum Einsatz kommen. Über *Lesen macht stark* und seine Einbettung in die Initiative *Niemanden Zurücklassen* informiert: http://nzl.lernnetz.de/index.php/lesen-macht-stark.html.

Weitere Förderprogramme

Wie in Schleswig-Holstein *(Lesen macht stark),* sind auch in anderen Bundesländern – initiiert von den zuständigen Ministerien – Handreichungen bzw. Förderkonzepte für die Leseförderung in der Fläche entwickelt und veröffentlicht worden, so etwa in Hessen ein *Praxisleitfaden für alle Schulformen* (Krug & Nix, 2017). Der modular aufgebaute hessische *Praxisleitfaden* eines schulischen Leseförderkonzepts skizziert drei Fortbildungsmodule und beschreibt im Sinne einer Schulentwicklungsmaßnahme notwendige Schritte zur Verankerung eines schulischen Leseförderkonzepts im Schulcurriculum. Die Inhalte der Fortbildungsmodule entsprechen im Wesentlichen dem, was unter Förderung der *Leseflüssigkeit* und Förderung von *Lesestrategien* bereits beschrieben wurde. Hinzu kommt, dass die bislang nur am Rande angesprochene Problematik der Förderung der *Lesemotivation* Beachtung findet. Mit dem hessischen Praxisleitfaden wird der Versuch unternommen, die Lücke zwischen Forschung und Praxis zu schließen.

Die theoretisch fundierten und in Bezug auf ihre Wirksamkeit in methodisch aufwendigen Studien positiv evaluierten Förderansätze, die in den Forschungsarbeiten von Tobias Richter und

Marco Ennemoser bzw. von Elmar Souvignier zum Einsatz kamen, wurden bereits im Zusammenhang mit der Leseflüssigkeit (▶ Kap. 5) erwähnt. Für sie gilt, dass sie noch im Forschungskontext stehen und dass eine abschließende Beurteilung ihres Potenzials in der Unterrichtspraxis derzeit nicht möglich ist. Für beide Förderansätze gilt allerdings auch, dass an eine Verbreitung der Trainingsmaterialien für die Unterrichtspraxis derzeit gar nicht gedacht ist. Schade! Gravierender ist allerdings das gegenteilige Problem: Dass es nämlich hervorragend aufbereitete und professionell gestaltete Trainingsmaterialien im Buchhandel gibt, über deren Wirksamkeit kaum etwas bekannt ist.

Für das *LekoLemo-Training* von Streblow, Schiefele und Riedel (2012) belegen die vorliegenden Evaluationsstudien eine moderate Programmwirksamkeit – dennoch ist eine Veröffentlichung der Trainingsmaterialien offenbar nicht vorgesehen. Das Training orientiert sich an einem bewährten amerikanischen Programm und zielt zugleich auf die Verbesserung der Lesekompetenz (Leko) und der Lesemotivation (Lemo). Neben einem Programmbaustein zur Aufrechterhaltung der Lesemotivation gibt es ein klassisches Strategietraining (Vorwissen aktivieren, Wichtiges unterstreichen, Umgang mit Textschwierigkeiten, Wichtiges zusammenfassen) sowie gezielte textbezogene Übungen zum Ermitteln von Informationen, zum textbezogenen Interpretieren und zum Reflektieren und Bewerten von Textaufgaben. Für die aufwendige Programmdurchführung werden etwa zwölf Zeitstunden veranschlagt – das Training soll in Kleingruppen durchgeführt werden, die jeweils von einer Lehrperson zu betreuen sind.

Lesen. Das Training ist vor etwa zehn Jahren von einer Schweizer Autorengruppe um Andrea Bertschi-Kaufmann entwickelt worden und mittlerweile im Klett-Verlag in einer Reihe von Bänden für den Einsatz in den Jahrgangsstufen 2 bis 9 verfügbar (Bertschi-Kaufmann et al., 2015; Kruse et al., 2011). Das modular aufgebaute Trainingsprogramm eignet sich für den Einsatz im Schulunterricht und für das Üben zuhause. Es zielt auf unterschiedliche Teilprozesse des Lesens, die als (1) Lesefertigkeiten (schnelles und genaues Dekodieren von Wörtern und Sätzen und das Herstellen lokaler Kohärenzen), (2) als Lesegeläufigkeit (das flüssige und das genaue Lesen) und als (3) strategisches Lesen (bewusste Steuerung des Leseprozesses) bezeichnet werden. Das sehr breit angelegte Förderkonzept enthält auch Bausteine, die als umstritten gelten – so etwa ein »Fitness-Training für die Augen«. Wirksamkeitsnachweise für das Förderprogramm gibt es nicht.

Wirksamkeit von Strategietrainings

Strategietrainings bzw. jene Trainingsbausteine der kombinierten Verfahren, die sich auf die Förderung kognitiver und metakognitiver Lesestrategien beziehen, haben sich im Allgemeinen als wirksam erwiesen. Das zeigen sowohl zusammenfassende (Meta-)Analysen als auch eine Reihe von Einzelstudien zu den Förderprogrammen. Für nahezu alle der oben vorgestellten Förderprogramme sind unter kontrollierten Bedingungen – in Vergleichsgruppen-Designs mit Vor- und Nachtestung der untersuchten Fertigkeiten – wissenschaftliche Untersuchungen durchgeführt worden. Meist sind dabei bedeutsame Effekte der Programmdurchführung zutage getreten. In aller Regel sind die Studien von den Programmautoren selbst verantwortet worden. Besonders viele Wirksamkeitsstudien gibt es für das Programm der *Text- bzw. Lesedetektive*. Besonders umfangreich sind die Stichproben, auf die sich Begleituntersuchungen des Programms *Lesen macht stark* beziehen.

Die meisten Wirksamkeitsstudien sind dem Bereich der anwendungsorientierten Grundlagenforschung zuzuordnen, zielen also per se gar nicht auf die Entwicklung einer praxistauglichen Fördermaßnahme, sondern auf den Nachweis eines Effekts infolge einer theoretisch begründbaren Intervention. Deshalb gibt es auch eine Reihe von Studien, in denen nicht die allgemeinen, sondern die differenziellen Effekte im Mittelpunkt des Forschungsinteresses stehen. Etwa wenn es um das Erkennen von Moderatoren oder Mediatoren der Wirksamkeit geht, also um die Suche nach Rahmenbedingungen, die auf das Ausmaß eines Effekts Einfluss nehmen. Oder es geht um die Frage, ob Teilgruppen von Kindern und Jugendlichen – beispielsweise solche mit besonders guten oder besonders ungünstigen Lernvoraussetzungen – mehr oder weniger stark von einem Strategietraining profitieren.

Die Befundlage zur Wirksamkeit der strategieorientierten Förderprogramme lässt sich wie folgt zusammenfassen: Wirksam sind vor allem solche Ansätze, bei denen kooperative Lehr-Lernformen genutzt werden, wo Lesestrategiewissen explizit vermittelt und die Strategieanwendung modellhaft vorgeführt wird, wo genügend Zeit für das angeleitete und selbstständige Einüben der Lesestrategien eingeplant wird, wo sowohl kognitive als auch metakognitive Strategien vermittelt werden – und wo darauf geachtet wird, dass für eine Förderung der hierarchiehöheren Leseprozesse ein Funktionieren der basalen Lesefertigkeiten eine notwendige Voraussetzung darstellt.

Dass sich auch nachweislich wirksame Förderprogramme nicht ohne Weiteres in den Regelunterricht implementieren lassen, ist bereits erwähnt worden. Maik Philipp und Elmar Souvignier (2016) haben eine Reihe von Implementationsbarrieren, aber auch von -erleichterungen benannt. Hinderlich für eine gelingende Implementation ist es beispielsweise, wenn eine Fördermaßnahme von den Lehrpersonen – die sie ja durchführen müssen – als nicht angemessen und als nicht machbar empfunden wird. Wo die Angemessenheit und die Machbarkeit einer Maßnahme von vornherein angezweifelt werden – beispielsweise weil den Lehrpersonen ein Förderprogramm als zu voraussetzungsreich für ihre Kinder erscheint –, sind die Rahmenbedingungen denkbar ungünstig. Als Erleichterungen einer gelingenden Implementation gelten hingegen die folgenden Rahmenbedingungen: (1) Dass sich die Lehrpersonen aus freien Stücken für die Durchführung eines Förderprogramms entscheiden, (2) dass zur Programmdurchführung genügend Informationen und unterstützende Materialien zur Verfügung gestellt werden, (3) dass es vorbereitende Fortbildungsmaßnahmen und begleitende Austauschtreffen gibt, und (4) dass die zeitliche Ausdehnung einer Fördermaßnahme nicht allzu umfangreich ist.

Die zentralen Probleme schwacher Leser liegen allerdings nicht nur und nicht in erster Linie im mangelnden Textverstehen, sondern bereits bei der Worterfassung. Fördermaßnahmen für Kinder und Jugendliche mit ausgeprägten Leseschwierigkeiten müssen deshalb zunächst bei der Vermittlung des alphabetischen Prinzips, beim Aufbau eines möglichst großen Sichtwortschatzes und bei der Verbesserung der Leseflüssigkeit ansetzen (▶ Kap. 7). Denn schwache

Leser haben nicht selten Ausweichstrategien beim Lesen entwickelt und verstehen oft auf der Textebene – weil sie den Satzkontext nutzen – sehr viel besser, als man es aufgrund ihrer bescheidenen basalen Lesefertigkeiten eigentlich erwarten würde. Beim lauten Vorlesen raten sie, wenn ihnen das Rekodieren auf der Wortebene zu mühsam erscheint.

Mit Blick auf die Notwendigkeit von Fördermaßnahmen kann es in Bezug auf die hierarchiehöheren (Lesestrategien) und die hierarchieniedrigeren Teilprozesse des Lesens (Worterkennung und Leseflüssigkeit) allerdings kein Entweder-Oder geben. Beim Textverstehen überlappen die Repräsentationsebenen, werden Textbasis- *und* Situationsmodell in wechselseitiger Abhängigkeit ausgebildet. Das textstruktur- und das textinhaltsbezogene Vorwissen eines Lesers beeinflussen die Schnelligkeit der Worterkennung *und* die lokale Kohärenzbildung – also die hierarchieniedrigen Prozesse. Genauso sind aber ein umfangreicher Sichtwortschatz *und* eine hohe Leseflüssigkeit ihrerseits günstige Voraussetzungen für den Aufbau eines adäquaten Situationsmodells auf der hierarchiehöheren Ebene.

Textsorten- und Textstrukturwissen

Verschiedentlich wird hervorgehoben, dass neben dem lesestrategischen Wissen und der Fähigkeit zur Anwendung der kognitiven und metakognitiven Lesestrategien auch das Wissen über Textsorten und -strukturen das Textverstehen erleichtert. Wer typische Argumentationsstrukturen von Sachtexten kennt, kann seinen Leseprozess leichter (ökonomischer) organisieren und den Verarbeitungsaufwand verringern. Das kommt der Verstehens- und Behaltensleistung zugute. Auch wer weiß, wie eine Fabel oder eine Erzählung oder ein Gedicht üblicherweise aufgebaut sind und welche Darstellungsmittel dabei zum Einsatz kommen können, wird sich leichter mit dem Lesen literarischer Texte tun. Gut auch, wenn man Sachtexte von literarischen Texten überhaupt unterscheiden kann.

Welche Textsorten gibt es? Cornelia Rosebrock (2016) unterscheidet unter den *Sach- und Informationstexten* zwischen (1) darstellenden, wissensvermittelnden Lehrtexten, (2) argumentierenden Persuasionstexten und (3) Instruktionstexten, die konkrete Handlungsanweisungen beinhalten. Leicht einsichtig, dass es den Leseprozess erleichtert, wenn die Kinder und Jugendlichen auf Anhieb erkennen, welche Textgattung sie gerade vor sich haben. Je nach Textgattung folgen solche Texte meist einem prototypischen Aufbau und bedienen sich spezieller Argumentationsmuster. Bei literarischen Texten, insbesondere bei den Erzähltexten, sind es andere allgemeine Merkmale, die ihre Erschließung erleichtern – sofern man sie kennt! Die Fiktionalität solcher Texte ist wohl ihre wichtigste Eigenheit, aber auch die Subjektivität ihrer Auslegung. Wer sich auf einen literarischen Text einlässt, muss gewahr sein, dass die »üblichen Nützlichkeits- und Wahrheitskriterien der Alltagskommunikation« hier nicht gelten. Literarische Texte sind uneindeutig. Ob ein Sachtext oder ein literarischer Text gelesen wird, sollte vor dem Lesen erkannt werden, weil es unterschiedlicher Lesehaltungen bedarf, um ihnen gerecht zu werden. Im Deutschunterricht, aber auch im Unterricht der Sachfächer wird auf eine Ausbildung und Ausdifferenzierung solcher Lesehaltungen zu achten sein (Rosebrock & Nix, 2017).

Regelrechte Förderprogramme zur Vermittlung von Textsorten- und Textstrukturwissen gibt es nicht, jedenfalls nicht in einer Systematik, wie sie für die Strategie- oder Flüssigkeitsförderung beschrieben war. Hilfreich ist es, vor dem Lesen eine Erwartungshaltung zum Text aufzubauen, welche das bereits vorhandene Textgenrewissen aktiviert. Wer beim raschen Überfliegen oder schon an der Überschrift erkennt, dass es sich um eine Fabel, um ein Gedicht oder um einen erklärenden Sachtext handelt, wird je andere Erkenntnisstrukturen bemühen und je andere kognitive Schemata nutzen, um Kohärenzen herzustellen. Wo im Rahmen von Förderansätzen Wissen über Textstrukturen vermittelt wurde, ist dies vor allem im Zusammenhang mit Sachtexten geschehen. Die Befunde zeigen, dass sich solche Interventionen positiv auf das Textverstehen auswirken.

Fazit

Im sechsten Kapitel sind Möglichkeiten zur Förderung des Textverstehens behandelt worden. Auf die Prozessebene des Lesens bezogen, sind es die hierarchiehöheren Prozesse, um die es bei solchen Fördermaßnahmen geht. Besonders umfängliche und positive Erfahrungen hat man mit Förderverfahren gemacht, in denen kognitive und metakognitive Lesestrategien trainiert werden. Methodisch haben sich dabei Vorgehensweisen bewährt, die auf eine explizite Vermittlung und Modellierung von Lesestrategien setzen, verbunden mit kooperativen Phasen des angeleiteten und später selbstständigen Übens.

7 Was man bei Leseschwierigkeiten tun kann

Eine Reihe von Kindern hat besondere Schwierigkeiten mit dem Lesenlernen und auch im weiteren Verlauf der Primar- und der Sekundarstufe anhaltend große Probleme mit dem Lesen. Dafür gibt es unterschiedliche Ursachen, auf die im Folgenden eingegangen wird. Bei einigen Kindern spricht man in Bezug auf das besondere Erscheinungsbild ihrer Leseschwierigkeiten von einer *Leseschwäche* oder sogar von einer *Lesestörung*. Aber weder im Hinblick auf die Ursachen der Problematik noch hinsichtlich der Auswahl von Fördermethoden, die Abhilfe versprechen, hat sich diese Differenzierung als notwendig erwiesen. Im Folgenden wird dargestellt, wie man Kindern mit Leseschwierigkeiten vorbeugend und/oder durch eine gezielte Intervention – über die in den Kapiteln 4 bis 6 bereits vorgestellten Maßnahmen hinaus – helfen kann.

Was sind Leseschwierigkeiten?

Wenn sich unverhältnismäßige Schwierigkeiten beim Erwerb der Lesekompetenz nicht auf eine beeinträchtigte geistige Entwicklung, nicht auf sensorische Beeinträchtigungen, nicht auf mangelnde Deutschkenntnisse und auch nicht auf eine unzureichende Beschulung zurückführen lassen, dann spricht man in der klinisch-medizinischen Tradition von einer Leseschwäche oder gar von einer Lesestörung. Für die Lesestörung wie für die Leseschwäche gilt, dass die intellektuellen Fähigkeiten der Kinder und Jugendlichen zumindest normal ausgeprägt sind. Leseschwierigkeiten gehen häufig mit Rechtschreibschwierigkeiten einher.

Natürlich gibt es auch Kinder und Jugendliche mit Leseschwierigkeiten, die intellektuell beeinträchtigt sind und damit als »lernbehindert« gelten. Und es gibt Kinder und Jugendliche, deren Leseschwierigkeiten damit zusammenhängen, dass sie nicht gut hören oder sehen oder dass sie die (deutsche) Unterrichtssprache nicht beherrschen. Aber von Leseschwächen oder -störungen würde man in diesen Fällen nicht sprechen. Denn den unzureichenden Leseleistungen dieser Kinder und Jugendlichen liegen offenbar andere Ursachen zugrunde und nicht solche, die für die schriftsprachliche Kompetenzentwicklung spezifisch sind. Auch ist der Förderbedarf in diesen Fällen anders gelagert.

Wie viele Kinder und Jugendliche haben Leseschwierigkeiten? Das kommt darauf an, wie man zählt. Lässt man die Teilgruppe der schlecht lesenden Kinder und Jugendlichen mit einer intellektuellen Beeinträchtigung, also einer Lernbehinderung, einmal außer Acht und auch die Kinder und Jugendlichen mit anderen sonderpädagogischen Förderbedarfen sowie jene ohne ausreichende (deutsch-)sprachliche Kompetenzen, dann verbleibt genau diese Gruppe normal intelligenter Kinder und Jugendlicher, die wider Erwarten schlecht lesen, um die es im Folgenden geht.

Wie schlecht? Und wieso wider Erwarten? Um die erste Frage zu beantworten, legt man meist einen sozialen Bezugsmaßstab an und orientiert sich an der Logik standardisierter Testverfahren, welche die basalen Lesefertigkeiten (▶ Kap. 5) und/oder das Textverständnis (▶ Kap. 6) erfassen. Wenn die individuelle Leseleistung einen Prozentrang (PR) von zehn unterschreitet, wenn also 90 und mehr Prozent aller alters- oder klassengleichen Kinder bzw. Jugendlichen eine bessere Leseleistung erbringen als eine Testperson, liegt ein erhebliches Leistungsversagen vor. Man spricht in diesem Zusammenhang auch vom *ersten Diskrepanzkriterium,* weil die individuelle Leseleistung deutlich eine Alters- oder Klassennorm verfehlt, also diskrepant zur Norm ausfällt. Definiert man das Kriterium der Minderleistung strenger (z. B. PR < 3) oder großzügiger (z. B. PR < 16), wird man entsprechend weniger bzw. mehr Kinder und Jugendliche mit unzureichenden Leseleistungen diagnostizieren. Und entsprechend eher zu einer Verharmlosung oder zu einer Dramatisierung des Phänomens beitragen.

Zur zweiten Frage. Für die Erwartungswidrigkeit einer schlechten Leseleistung gibt es kein natürliches Maß. Im Allgemeinen wird die intellektuelle Leistungsfähigkeit als Referenzgröße gewählt, und zwar zunächst einmal so, dass eine intellektuelle Minderleistung als Ausschlusskriterium des Leistungsversagens definiert wird. Das wurde oben bereits angesprochen: Von einer Lesestörung oder -schwäche spricht man nur dann, wenn es trotz normaler Intelligenz (IQ > 70) zu den unzureichenden Leseleistungen gekommen ist. Und genau dies macht ihre Erwartungswidrigkeit aus. Wieso liest das Kind so schlecht, wo es doch normal intelligent ist? So weit sind sich die Wissenschaftler im Großen und Ganzen einig.

Äußerst umstritten ist allerdings, dass man sich speziell in der klinisch-medizinischen Tradition mit dem Ausschlusskriterium der Minderintelligenz nicht zufrieden geben mochte, sondern darüber hinaus zur Diagnosestellung einer Lesestörung eine besonders große Diskrepanz zwischen den (schlechten) Leseleistungen und den (normalen) Intelligenztestleistungen gefordert hat. Es gibt auch konkrete Empfehlungen, wie groß diese Diskrepanz sein soll. Ist die Diskrepanz nicht groß genug, wird anstelle der Lesestörung nur eine Leseschwäche diagnostiziert. Die meisten Psychologinnen und Psychologen halten dieses *zweite Diskrepanzkriterium* allerdings für unbegründet, weil es keine Hinweise dafür gibt, dass dem Ausmaß der Diskrepanz zwischen der Normalintelligenz und der minderen Leseleistungen für die pädagogische Intervention irgendeine Bedeutung zukommt. Auch hier wird im Folgenden zwischen Lesestörungen und -schwächen nicht unterschieden.

Gut zu wissen: Legasthenie

Legasthenie heißt eigentlich Leseschwäche, meist wird der Begriff aber so verwendet, wie es in der klinisch-medizinischen Tradition dem Begriff der Lesestörung entspricht. Die Kultusministerkonferenz hatte schon 1978 empfohlen, die in vielerlei Hinsicht »belastete« Bezeichnung Legasthenie durch den Begriff der Lese-Rechtschreib-Schwierigkeiten (LRS) zu ersetzen. Leider hat aber auch diese Begrifflichkeit seither ein ungutes Eigenleben entwickelt (Gold, 2016).

Konstitutiv für das ursprüngliche Legasthenie-Konzept ist das Kriterium der IQ-Diskrepanz, also die Annahme, dass die schwachen Leseleistungen in einem krassen Gegensatz zu den normalen IQ-Werten einer Person stehen. Angeborene Defekte bzw. Funktionsschwächen der visuellen Wahrnehmung und bei der auditiven Differenzierung wurden dafür als ursächlich betrachtet. Die

> Grundschulpädagogin Renate Valtin (2001) hat dieses Konzept seit Langem als theoretisch verfehlt, methodologisch und diagnostisch fragwürdig und therapeutisch nutzlos kritisiert, weil sich die »Diskrepanz-Legastheniker« in vielerlei Hinsicht nicht von anderen lese-rechtschreibschwachen Kindern unterscheiden. Das Überdauern des Konzepts erklärt sich aufgrund des Beharrungsvermögens von Organisationen und Personen mit spezifischen Interessenlagen. Maßnahmen zum Nachteilsausgleich und zum Notenschutz sowie zur Gewährung individueller Förderung sind in einigen Bundesländern an das Legasthenie-Konzept gebunden.

Nun aber zu einer Schätzung der Anzahl der betroffenen Kinder und Jugendlichen. Sie kann nur grob ausfallen, weil es eine Meldepflicht für Leseschwächen und -störungen nicht gibt. Sie kann auch deshalb nicht verlässlich sein, weil man sich über die Kriterien der Diagnosestellung nicht einig ist. Epidemiologische Studien, in denen standardisierte Testverfahren eingesetzt werden, lassen je nach Strenge oder Großzügigkeit des ersten Diskrepanzkriteriums und je nachdem, ob und in welcher Weise das zweite Diskrepanzkriterium zur Anwendung kommt, für Lesestörungen und -schwächen etwa eine Prävalenz, d. h. eine Auftretenshäufigkeit, zwischen acht und zehn Prozent erwarten.

Zu teilweise höheren Schätzungen über die Anzahl der schlechten Leserinnen und Leser kommt man, wenn anstelle der alters- oder klassennormierten Vergleiche die kompetenzorientierten Messungen etwa aus den jüngsten IQB-Bildungstrends angelegt werden. 13 Prozent der Zehnjährigen und immerhin 23 Prozent der Fünfzehnjährigen verfehlen demnach im Kompetenzbereich Lesen den Mindeststandard. Dabei gibt es erhebliche Disparitäten zwischen den Bundesländern.

Ursachen von Leseschwierigkeiten

Aus verhaltens- und molekulargenetischen Studien gibt es Hinweise auf eine genetisch bedingte Prädisposition für das Auftreten der Schwierigkeiten. Wie viele andere Verhaltensauffälligkeiten auch, haben Leseschwierigkeiten ihren Ursprung in einer genetischen Veranlagung, die sich auf die Entwicklung der neurobiologischen Grundlagen des Lesens auswirkt. Hinzu kommen im Verlauf der Kompetenzentwicklung Einflüsse der pädagogischen und der familiären Umwelt und es gibt eine Reihe von Genom-Umwelt-Interaktionen und -Kovarianzen. Auf der kognitiven Ebene gelten vor allem Defizite bei der Wahrnehmung und Verarbeitung sprachlicher Laute, also bei der phonologischen Informationsverarbeitung, als Kernproblematik. Es werden aber auch andere mögliche Ursachen diskutiert, so etwa eine Störung der zeitlich-sequentiellen Verarbeitung auditiver Reize überhaupt, eine Störung der frühen visuellen Verarbeitungsprozesse oder grundlegende Automatisierungsdefizite (zusammenfassend: Steinbrink & Lachmann, 2014).

Im Folgenden betrachten wir die Wirkzusammenhänge auf der kognitiven Ebene etwas genauer. Als wichtigste kognitive Grundlage des Lesens gilt – wie bereits erwähnt – die Verarbeitung und Repräsentation von Sprachlauten. Defizite und Dysfunktionen der phonologischen Informationsverarbeitung sind deshalb wesentliche Ursachen von Leseschwierigkeiten. Mit ihnen eng verbunden sind Defizite in jenen Teilfunktionen des Arbeitsgedächtnisses, die mit der Verarbeitung sprachlicher Informationen zu tun haben.

Mehrere Komponenten der phonologischen Informationsverarbeitung können Ursachen von Leseschwierigkeiten sein: (1) Die Fähigkeit, Laute überhaupt wahrnehmen und unterscheiden zu können, (2) die Fähigkeit, sprachliche Informationen in der phonologischen Schleife des Arbeitsgedächtnisses in ihrer Lautgestalt festhalten und wiederholen zu können sowie (3) die Fähigkeit, phonologische Repräsentationen rasch aus dem Langzeitgedächtnis abrufen zu können. Die erstgenannte Fähigkeit wird als »phonologische Bewusstheit« bezeichnet, die zweitgenannte als »phonetisches Rekodieren im Arbeitsgedächtnis« und für die Fähigkeit zum Abruf phonologischer Einträge aus dem Langzeitgedächtnis ist es gebräuchlich, von der schnellen Wortbenennung auf dem direkten (lexikalischen) Zugangsweg zu sprechen.

Aus empirischen Studien weiß man, dass bei Kindern und Jugendlichen mit *Leseschwierigkeiten* insbesondere Defizite beim schnellen Abrufen phonologischer Einträge aus dem Langzeitgedächtnis vorliegen. Schwache Leser kennen zu wenige (Sicht-)Wörter und können deshalb zu selten auf die Einträge im mentalen Lexikon zugreifen. Selbst die bereits mehrfach gelesenen und eigentlich schon bekannten

Wörter müssen sie jedes Mal neu auf dem indirekten Zugangsweg erlesen. Das ist nicht nur zeitaufwendig, sondern auch fehleranfällig. Für *Rechtschreibschwierigkeiten* scheinen hingegen frühe Defizite in der phonologischen Bewusstheit prädiktiv, sowie Beeinträchtigungen beim phonetischen Rekodieren im Arbeitsgedächtnis (zusammenfassend: Gold, 2018; Schneider & Tibken, 2018).

Verschiedentlich hat man zwischen *Subtypen von Lesestörungen* unterschieden, so etwa auf der Grundlage des Zwei-Wege-Modells der Worterkennung zwischen einer phonologischen und einer oberflächlichen Lesestörung. Während für die phonologische Lesestörung Beeinträchtigungen des indirekten Zugangs, also beim phonetischen Rekodieren, unterstellt werden, sollen für die oberflächliche Lesestörung die oben beschriebenen Probleme beim direkten Abruf aus dem mentalen Lexikon verantwortlich sein.

Sprachliche Defizite – wie etwa ein zu geringer Wortschatz oder unzureichende morpho-syntaktische Kenntnisse –, ganz gleich ob sie aus einer verzögerten Sprachentwicklung oder aus einer zu geringen Kontaktdauer mit der deutschen Sprache resultieren, beeinträchtigen den Schriftspracherwerb. Sobald man sich über die Art und über die Herkunft solcher sprachlichen Defizite im Klaren ist, sollte mit dem Einleiten bedarfsgerechter Fördermaßnahmen begonnen werden. Falls eine Sprachentwicklungsstörung vorliegt, sind diese Maßnahmen anders zu gestalten als im Falle der mehrsprachig aufwachsenden Kinder mit spätem Erwerbsbeginn und zu kurzer Kontaktdauer mit der deutschen Unterrichtssprache (Geyer, Schwarze & Müller, 2018; Marx, 2017).

> **Gut zu wissen: Sprachentwicklungsstörungen**
>
> Kinder mit Entwicklungsbeeinträchtigungen im Bereich der Sprache haben oft auch Schwierigkeiten beim Schriftspracherwerb (Hartmann, 2017). Von einer Spezifischen (umschriebenen) Sprachentwicklungsstörung (SSES) sind fünf bis acht Prozent eines Jahrgangs betroffen, Jungen häufiger als Mädchen. Beeinträchtigungen für den Schriftspracherwerb sind vor allem deshalb zu erwarten, weil die gestörte Sprachentwicklung in aller Regel sowohl die Phonologie als auch den Wortschatz und die Grammatik betrifft – und

mithin alle Bereiche tangiert, die auch für die Entwicklung der Lese- und Schreibkompetenzen von Bedeutung sind. Eine frühe Sprachtherapie ist hier notwendig, ebenso eine Förderung von Vorläuferfertigkeiten des Schriftspracherwerbs. Unterrichtsbegleitend wird es oft auch im Schulalter noch zusätzlicher Sprachförderung bedürfen.

Um es an dieser Stelle nochmals ganz deutlich zu sagen: Nicht der Erwerb von Deutsch als Zweitsprache (DaZ) ist ein Problem für die Sprachentwicklung, sondern dass der systematische Kontakt mit der deutschen Sprache bei den zweisprachig aufwachsenden Kindern oftmals zu spät zustande kommt (Müller, Schulz & Tracy, 2018). Und dass die familiären Risikofaktoren, von denen bereits die Rede war (▶ Kap. 3), bei den DaZ-Kindern häufiger vorkommen als bei den muttersprachlich deutsch aufwachsenden Kindern.

Möglichkeiten der Prävention im Vorschulalter

Bereits im Vorschulalter wird eine Reihe von Fertigkeiten ausgebildet, die für das spätere Lesen- und Schreibenlernen bedeutsam sind. Seit jeher wird deshalb versucht, so genannte Risikokinder möglichst frühzeitig zu identifizieren, um im Sinne einer selektiven (sekundären) Prävention Fördermaßnahmen zur Stärkung solcher Vorläuferfertigkeiten einzuleiten. Ebenso gehört es seit jeher zum Bildungsauftrag elementarpädagogischer Einrichtungen, im Sinne einer universellen (primären) Prävention möglichst optimale Lerngelegenheiten für die Entwicklung der sprachlichen Kompetenzen zu gewährleisten. Weil die sprachlichen Voraussetzungen so wichtig sind, ist nahezu jede Form der Sprachförderung als präventive Maßnahme im Hinblick auf die Entstehung von Lese-Rechtschreibschwierigkeiten zu betrachten. Vor allem werden ein umfangreicher Wortschatz, eine frühe Buchstabenkenntnis, ein frühes Wissen über Schrift und die phonologische Bewusstheit als wichtige Bedingungsfaktoren der Lesekompetenzentwicklung betrachtet.

Die phonologische Bewusstheit – als eine von drei Komponenten der phonologischen Informationsverarbeitung (▶ Kap. 2) – ist Gegenstand vieler Frühförderprogramme. Sehr viel seltener (und im Übrigen ohne besonderen Erfolg) ist versucht worden, das phonetische Rekodieren im Arbeitsgedächtnis oder das Abrufen phonologischer Einträge aus dem Langzeitgedächtnis zu trainieren. Die bewährten Förderprogramme *Hören, lauschen, lernen* – HLL (Küspert & Schneider, 2008) und *Hören, lauschen, lernen 2* – HLL 2 (Plume & Schneider, 2004) aus der Würzburger Arbeitsgruppe um Wolfgang Schneider sind die bekanntesten und am umfangreichsten evaluierten Verfahren zur Förderung der phonologischen Bewusstheit im Kindergartenalter. Während HLL mit seinen Sprachspielen zum Lauschen, Flüstern und Reimen auf der lautsprachlichen Ebene der Phoneme, Anlaute, Silben und Wörter verbleibt, werden in HLL 2 zudem Buchstaben-Laut-Verbindungen für die zwölf häufigsten Buchstaben des Alphabets eingeübt.

Dass die Würzburger Trainingsprogramme wirksam sind, ist in vielen Studien nachgewiesen worden. Sie wirken auch bei mehrsprachig aufwachsenden Kindern, bei Kindern mit einer verzögerten Sprachentwicklung und bei Kindern mit ungünstigen phonologischen Basiskompetenzen. Kontrovers wird in der Wissenschaft darüber diskutiert, wie wichtig die frühe phonologische Bewusstheit tatsächlich für den späteren Schriftspracherwerb ist (Pfost, 2017; Schneider, 2017; Valtin, 2012). Einige Befunde deuten darauf hin, dass eher die Entwicklung des Rechtschreibens als die Entwicklung des Lesens von den phonologischen Trainings profitiert. Kontroversen haben sich auch daran entzündet, in welchem Verhältnis ein additives metasprachliches (phonologisches) Training zu Maßnahmen allgemeiner (alltagsintegrierter) Sprachförderung steht.

Bewährte Förderansätze im Schulalter

Wo Kindern – aus welchen Gründen auch immer – im Vorschulalter ein zu geringes und zu wenig reichhaltiges Sprachangebot zur Verfügung stand, um die Grundprinzipien der deutschen Sprache zu erwerben und einen möglichst großen Wortschatz aufzubauen, wird eine gezielte Sprachförderung noch im Schulalter nötig sein. *Sprachförderung* ist deshalb stets hinzuzudenken, wenn im Folgenden bewährte Ansätze zur Leseförderung bei Kindern mit Leseschwierigkeiten vorgestellt werden. Zur schulischen Sprachförderung gehören

z. B. die Förderung des Wortschatzes durch explizite, implizite, assoziative oder multimediale Strategien sowie die Förderung grammatischer Kompetenzen durch explizite und implizite Strategien.

Maßnahmen der Leseförderung bei Schulkindern mit Leseschwierigkeiten setzen meist schon bei den basalen Leseprozessen an, also auf der ersten und zweiten Ebene des Leseprozesses (Schründer-Lenzen, 2013). Auf der *ersten Ebene,* die im Phasenmodell des Schriftspracherwerbs als alphabetische Phase bezeichnet wird, geht es um das Erlernen der Graphem-Phonem-Zuordnungen und um die darauf aufbauenden Syntheseleistungen des Zusammenschleifens zur Worterkennung. Auf der *zweiten Ebene,* die im Phasenmodell des Schriftspracherwerbs als orthographische Phase bezeichnet wird, geht es um den Aufbau eines möglichst großen Sichtwortschatzes, um das Erkennen von Wort- und Satzbildungsregeln und um das flüssige Lesen. Die *dritte Ebene* des Leseprozesses – das Herstellen von Kohärenzen auf der Satz- und Textebene – wird eigentlich erst dann zum Thema gemacht, wenn flüssiges Lesen und ein hoher Automatisierungsgrad der Buchstaben-Laut-Zuordnungen vorausgesetzt werden können.

Weil Kinder mit Leseschwierigkeiten offenbar mehr Zeit benötigen, um die Logik der Graphem-Phonem-Zuordnungen zu erlernen und auch mit den notwendigen Syntheseleistungen bei der Worterkennung länger beschäftigt sind, ist es naheliegend, bereits auf dieser basalen, ersten Ebene des Leseprozesses mit Fördermaßnahmen anzusetzen. Bewährte Förderprogramme auf dieser Ebene ähneln dem, was Grundschullehrerinnen und -lehrer in den ersten Schulwochen und -monaten ohnehin tun. Nur sind sie in ihrer Systematik und Intensität oftmals besser geeignet, den Kindern mit besonderen Schwierigkeiten gerecht zu werden.

Gut zu wissen: Mentales Lexikon

Sowohl im Zwei-Wege-Modell des Wortlesens als auch im Drei-Phasen-Modell des Lesenlernens war von einem mentalen Lexikon (einem Wortschatz) die Rede, an anderer Stelle von einem orthographischen, phonologischen oder semantischen Lexikon. Mit fortschreitender Kompetenzentwicklung dominiert nämlich aufgrund der vergangenen Leseerfahrungen die direkt-lexikalische Worterkennung – also der rasche Zugriff auf die korrekte Schreibung, Aussprache und Bedeutung einer bereits bekannten Wortgestalt – den Leseprozess.

Dabei darf man sich das mentale Lexikon nicht im Sinne eines alphabetisch geordneten Wörterbuchs mit mehreren 10.000 Einträgen vorstellen. Vielmehr lässt sich an eine vernetzte, funktional geordnete Struktur denken, die für einzelne Wörter nicht nur Informationen über ihre inhaltliche Bedeutung und korrekte Aussprache, sondern auch über ihre morpho-syntaktischen Eigenschaften sowie ihre Erweiterungs- und Verwendungsmöglichkeiten enthält (Becker-Mrotzek, 2018). Nicht nur, wie man ein Wort richtig schreibt und spricht, sondern auch allgemeines Begriffs- und Bedeutungswissen, Wortbildungswissen und das Wissen über Wortformen gehören deshalb zum Wortschatz. Philipp und Efing (2018) heben zu Recht hervor, dass es auch noch im Sekundarbereich einer systematischen Wortschatzförderung bedarf.

Metaanalysen zufolge sind die symptombezogenen Förderprogramme den Funktionstrainings, die etwa an den Gedächtnis- oder Wahrnehmungsfunktionen oder an allgemeinen Lernstrategien ansetzen, überlegen (Galuschka, Ise, Krick & Schulte-Körne, 2014; Galuschka & Schulte-Körne, 2015). Mit anderen Worten: Für auditive und visuelle Verarbeitungs- bzw. Wahrnehmungsfähigkeitstrainings, wie sie nicht selten in den kommerziellen Lerninstituten zum Einsatz kommen, gibt es in aller Regel keinen Nachweis ihrer Wirksamkeit. Wirksame, symptombezogene Förderprogramme sind hingegen solche, die auf Phonem- und Silbenbasis die Zuordnung von Lauten zu Buchstaben trainieren sowie Wortschatz-, Leseflüssigkeits- und Lesestrategietrainings. Gar keine Wirksamkeitsnachweise gibt es übrigens für medikamentöse oder alternativ-medizinische Verfahren.

An dieser Stelle können nur einige der bewährten Förderprogramme der ersten Ebene erwähnt werden (ausführlicher dazu: Gold, 2016, 2018; Scheerer-Neumann, 2015; Schneider, 2017; Steinbrink & Lachmann, 2014). Der *Kieler Leseaufbau* (Dummer-Smoch & Hackethal, 2011) enthält eine große Anzahl schwierigkeitsgestufter Übungen zum Erlernen des alphabetischen Prinzips sowie Übungen zum Verschleifen von Lauten zu Silben und zum Verschmelzen von Silben zu Wörtern. Das Trainingsprogramm *PHONIT* (Stock & Schneider, 2011) kombiniert Übungen zur phonologischen Bewusstheit mit Übungen zur Vermittlung des alphabetischen Prinzips. Wie bei den meisten anderen Förderprogrammen ist das Programm modular aufgebaut und enthält neben Leseübungen auch Übungen zur Rechtschreibung. Das computerbasierte Trainingsprogramm *Lautarium* (Klatte et al., 2017) umfasst Übungen zur Diskrimination und Identifikation von Konsonanten und Vokallängen (Phonemwahrnehmung), zum Erkennen von Lauten in Wörtern, zum Verschleifen von Lauten zu Wörtern und zum Zerlegen von Wörtern in Laute, zur Graphem-Phonem-Zuordnung sowie zum lautgetreuen Lesen und Schreiben und zur schnellen Worterkennung.

Andere Programme setzen ihre Schwerpunkte nach dem Ende der alphabetischen Phase und zielen auf den Aufbau eines umfassenden Sichtwortschatzes sowie auf die Verbesserung der Leseflüssigkeit auf der Satz- und Textebene. Oft enthalten diese Programme zusätzlich Basisbausteine zur Förderung der phonologischen Bewusstheit und zum Erlernen der Buchstaben-Laut-Verbindungen – zielen also sowohl auf die zweite wie auf die erste Ebene des Leseprozesses. Beispiele sind die Lesebücher und -übungen *Flüssig lesen lernen,* die es in unterschiedlichen Versionen für die Jahrgangsstufen 1 bis 5 gibt (z. B. Tacke, 2012), das Potsdamer Lesetraining *PotsBlitz* (Ritter & Scheerer-Neumann, 2009) oder die bereits erwähnten *Lautlesetandems* (▶ Kap. 5).

So wie es kombinierte Programme gibt, die zugleich auf die erste und die zweite Ebene des Leseprozesses zielen, gibt es auch Föderansätze, die sowohl die zweite als auch die dritte Ebene adressieren. Dazu gehören etwa die bereits erwähnten *Lese-Sportler* oder das Förderverfahren *TRAIL* (▶ Kap. 5). Auf die vornehmlich strategieorientierten Förderprogramme, die primär oder ausschließlich auf die dritte Ebene des Leseprozesses zielen, wurde bereits ausführlich eingegangen (▶ Kap. 6).

Erwähnenswert, wenn auch nicht speziell für Kinder mit Leseschwierigkeiten konzipiert, ist ein Programm mit dem Kunstnamen *quop.* Elmar Souvignier und Mitarbeiter (Förster & Souvignier, 2014; Souvignier & Förster, 2011; Souvignier, Förster & Salaschek, 2014) haben es als internetbasierte Lernverlaufsdiagnostik für den Regelunterricht entwickelt, die sich auf die Inhaltsbereiche des Lesens und Rechnens, vornehmlich für Kinder im Grundschulalter, aber auch für die Jahrgangsstufen 5 und 6, bezieht (www.quop.de). Über einen individuellen Zugang auf einer Webseite gelangen die Schüler zu einem für sie bereitgestellten Test. Diesen Test – im Inhaltsbereich Lesen geht es um die Leseflüssigkeit und um das Textverstehen – bearbeiten sie bis zu acht Mal im Verlauf eines Schuljahres. Lehrpersonen können unmittelbar auf die individuellen Testergebnisse zugreifen. Die Ergebnisse werden für sie graphisch aufbereitet und dokumentiert. Das Programm stellt die notwendigen Informationen bereit, um leseschwache Schülerinnen und Schüler zu identifizieren und um eine Anpassung der individuellen Förderung an die besonderen Bedarfe zu ermöglichen. Im Förderansatz der Lese-Sportler wird die quop-Diagnostik genutzt, um die jeweils passende Förderstrategie auszuwählen.

Fazit

Im siebten Kapitel sind Kinder und Jugendliche mit Leseschwierigkeiten betrachtet worden. Ursachen von Leseschwierigkeiten sind Defizite bei der Wahrnehmung und Verarbeitung phonologischer Informationen sowie grundlegende sprachliche Defizite. Dass mehrsprachig aufwachsende Kinder häufiger Leseschwierigkeiten haben, hängt meist mit ihrer vergleichsweise geringeren Kontaktdauer mit der deutschen Unterrichts- bzw. Bildungssprache zusammen. Neben einer allgemeinen Sprachförderung gilt im Vorschulalter ein Training der phonologischen Bewusstheit als hilfreiche Intervention. Im Schulalter haben sich symptombezogene Förderprogramme bewährt, die direkt auf der Prozessebene des Lesens ansetzen.

Literatur

Bäuerlein, K., Lenhard, W. & Schneider, W. (2012a). *Lesetestbatterie für die Klassenstufen 6–7 (LESEN 6–7)*. Göttingen: Hogrefe.

Bäuerlein, K., Lenhard, W. & Schneider, W. (2012b). *Lesetestbatterie für die Klassenstufen 8–9 (LESEN 8–9)*. Göttingen: Hogrefe.

Becker-Mrotzek, M. (2018). Was sind eigentlich Sprache und Schrift? Erwerbsgegenstand gesprochene und geschriebene Sprache. In C. Titz, S. Geyer, A. Ropeter, H. Wagner, S. Weber & M. Hasselhorn (Hrsg.), *Konzepte zur Sprach- und Schriftsprachförderung entwickeln* (S. 34–52). Stuttgart: Kohlhammer.

Bertschi-Kaufmann, A., Kruse, G. & Riss, M. (2015). *Lesen. Das Training 1*. Stuttgart: Klett.

Brügelmann, H. & Brinkmann, E. (1998). *Die Schrift erfinden – Beobachtungshilfen und methodische Ideen für einen offenen Anfangsunterricht im Lesen und Schreiben*. Lengwil: Libelle.

Buschmann, A. (2011). *Heidelberger Elterntraining zur frühen Sprachförderung. Trainermanual*. München: Elsevier.

Buschmann, A. & Jooss, B. (2011). Alltagsintegrierte Sprachförderung in der Kinderkrippe. Effektivität eines sprachbasierten Interaktionstrainings für pädagogisches Fachpersonal. *Verhaltenstherapie und psychosoziale Praxis, 43*, 303–312.

Coltheart, M. (2007). Modeling reading: The dual-route approach. In M. J. Snowling & C. Hulme (Eds.), *The science of reading: A handbook* (pp. 6–23). Malden: Blackwell Publishing.

Dehaene, S. (2012). *Lesen*. Die größte Erfindung der Menschheit und was dabei in unseren Köpfen passiert. München: btb.

Dummer-Smoch, L. & Hackethal, R. (2011). *Kieler Leseaufbau*. Kiel: Veris.

Ehmig, S. & Reuter, T. (2013). *Vorlesen im Kinderalltag*. Mainz: Stiftung Lesen.

Förster, N. & Souvignier, E. (2014). Learning progress assessment and goal setting: Effects on reading achievement, reading motivation and reading self-concept. *Learning and Instruction, 32*, 91–100.

Frith, U. (1985). Beneath the surface of developmental dyslexia. In K. Patterson, J. Marshall & M. Coltheart (Eds.), *Surface Dyslexia, Neuropsychological and Cognitive Studies of Phonological Reading* (pp. 301–330). London: Erlbaum.

Funke, R. (2014). Erstunterricht nach der Methode ›Lesen durch Schreiben‹ und Ergebnisse schriftsprachlichen Lernens: Eine metaanalytische Bestandsaufnahme. *Didaktik Deutsch, 19*, 20–41.

Galuschka, K., Ise, E., Krick, K. & Schulte-Körne, G. (2014). Effectiveness of treatment approaches for children and adolescents with reading disabilities: A meta-analysis of randomized controlled trials. *PLoS One, 9*(2): e89900. doi:10.1371/journal.pone.0089900.

Galuschka, K. & Schulte-Körne, G. (2015). Evidenzbasierte Interventionsansätze und forschungsbasierte Programme zur Förderung der Leseleistung bei Kindern und Jugendlichen mit Lesestörung – ein systematischer Review. *Zeitschrift für Erziehungswissenschaft, 18,* 473–487.

Geyer, S., Schwarze, R. & Müller, A. (2018). Sprachförderung im Elementarbereich. In C. Titz, S. Geyer, A. Ropeter, H. Wagner, S. Weber & M. Hasselhorn (Hrsg.), *Konzepte zur Sprach- und Schriftsprachförderung entwickeln* (S. 161–178). Stuttgart: Kohlhammer.

Gold, A. (2016). *Lernen leichter machen.* Göttingen: Vandenhoeck & Ruprecht.

Gold, A. (2018). *Lernschwierigkeiten.* Stuttgart: Kohlhammer.

Gold, A., Mokhlesgerami, J. Rühl, K., Schreblowski, S. & Souvignier, E. (2004). *Wir werden Textdetektive – Lehrermanual & Arbeitsheft.* Göttingen: Vandenhoeck & Ruprecht.

Gold, A. & Rosebrock, C. (2017). Leseförderung im Klassenverbund. In U. Hartmann, M. Hasselhorn & A. Gold (Hrsg.), *Entwicklungsverläufe verstehen – Kinder mit Bildungsrisiken wirksam fördern* (S. 340–353). Stuttgart: Kohlhammer.

Hart, B. & Risley, T. R. (1995). *Meaningful differences in the everyday experience of young American children.* Baltimore: Paul H. Brookes Publishing Company.

Hartmann, E. (2017). Kinder und Jugendliche mit spezifischer Sprachentwicklungsstörung. In M. Philipp (Hrsg.), *Handbuch Schriftspracherwerb und weiterführendes Lesen und Schreiben* (S. 361–375). Weinheim: Beltz.

Hasselhorn, M. & Gold, A. (2017). *Pädagogische Psychologie. Erfolgreiches Lernen und Lehren* (4. Auflage). Stuttgart: Kohlhammer.

Hattie, J. (2014). *Lernen sichtbar machen für Lehrpersonen.* Baltmannsweiler: Schneider.

Kawohl, E. (2015). *Diagnosebasierte individuelle Leseförderung in der Grundschule.* Hamburg: Kovac.

Kintsch, W. (1998). *Comprehension: A paradigm for cognition.* Cambridge: University Press.

Klatte, M., Steinbrink, C., Bergström, K. & Lachmann, T. (2017). *Lautarium. Ein computerbasiertes Trainingsprogramm für Grundschulkinder mit Lese-Rechtschreibschwierigkeiten.* Göttingen: Hogrefe.

Klicpera, C. & Gasteiger-Klicpera, B. (1998). *Lesen und Schreiben. Entwicklung und Schwierigkeiten.* Bern: Huber.

Klicpera, C., Rainer, S. & Gelautz, N. (2005). Einfluss eines klassenweisen Mitschüler-Tutoring auf die Entwicklung des Lesens und Rechtschreibens sowie das Sozialverhalten in der 2. Klasse Grundschule. *Heilpädagogische Forschung, 3,* 145–152.

Krug, U. & Nix, D. (2017). *Entwicklung eines schulischen Leseförderkonzepts*. Seelze: Kallmeyer.

Kruse, G., Rickli, U. & Riss, M. (2011). *Lesen. Das Training*. Stuttgart: Klett.

Küspert, P. & Schneider, W. (2008). *Hören, lauschen, lernen. Sprachspiele für Kinder im Vorschulalter. Würzburger Trainingsprogramm zur Vorbereitung auf den Erwerb der Schriftsprache*. Göttingen: Vandenhoeck & Ruprecht.

Lauer-Schmaltz, M., Rosebrock, C. & Gold, A. (2014). Lautlesetandems in der Grundschule. *Didaktik Deutsch, 37*, 44–61.

Lenhard, A. & Lenhard, W. (2017). Diagnoseverfahren zur Erfassung schriftsprachlicher Leistungen. In M. Philipp (Hrsg.), *Handbuch Schriftspracherwerb und weiterführendes Lesen und Schreiben* (S. 174–198). Weinheim: Beltz.

Lenhard, W. (2013). *Leseverständnis und Lesekompetenz. Grundlagen – Diagnostik – Förderung*. Stuttgart: Kohlhammer.

Lenhard, W., Baier, H., Lenhard, A., Hoffmann, J. & Schneider, W. (2013). *conText – Intelligentes tutorielles System zum Training des Textverständnisses*. Göttingen: Hogrefe.

Lenhard, W., Lenhard, A. & Schneider, W. (2017). *Ein Leseverständnistest für Erst- bis Siebtklässler. Version II*. Göttingen: Hogrefe.

Marx, A. (2017). Kinder und Jugendliche mit Zuwanderungshintergrund. In M. Philipp (Hrsg.), *Handbuch Schriftspracherwerb und weiterführendes Lesen und Schreiben* (S. 332–346). Weinheim: Beltz.

Müller, A., Schulz, P. & Tracy, R. (2018). Spracherwerb. In C. Titz, S. Geyer, A. Ropeter, H. Wagner, S. Weber & M. Hasselhorn (Hrsg.), *Konzepte zur Sprach- und Schriftsprachförderung entwickeln* (S. 53–68). Stuttgart: Kohlhammer.

Müller, B., Krizan, A., Hecht, T, Richter, T. & Ennemoser, M. (2013). Leseflüssigkeit im Grundschulalter: Entwicklungsverlauf und Effekte systematischer Leseförderung. *Lernen und Lernstörungen, 2*, 131–146.

Munser-Kiefer, M. & Kirschhock, E-M. (2012). *Lesestrategien im Leseteam trainieren. Lehrermanual und Unterrichtsmaterialien*. Donauwörth: Auer Verlag.

Naumann, J. & Sälzer, C. (2017). Digital reading proficiency in German 15-year olds: Evidence from PISA 2012. *Zeitschrift für Erziehungswissenschaft, 20*, 585–603.

Niklas, F. (2014). *Mit Würfelspiel und Vorlesebuch*. Heidelberg: Springer.

Niklas, F., Cohrssen, C., Tayler, C. & Schneider, W. (2016). Erstes Vorlesen: Der frühe Vogel fängt den Wurm. *Zeitschrift für Pädagogische Psychologie, 30*, 35–44.

Niklas, F. & Schneider, W. (2015). With a little help: Improving kindergarten children's vocabulary by enhancing the home literacy environment. *Reading and Writing: An Interdisciplinary Journal, 28*, 491–508.

Nix, D. (2011). *Förderung von Leseflüssigkeit. Theoretische Fundierung und empirische Überprüfung eines kooperativen Lautleseverfahrens im Deutschunterricht*. Weinheim: Juventa.

Nix, D. (2016). Literarisches Leben in der Schule vermitteln: Die Autorenlesung als Schnittstelle zwischen schulischer und außerschulischer Leseförderung.

In A. Bertschi-Kaufmann & T. Graber (Hrsg.), *Lesekompetenz – Leseleistung – Leseförderung* (S. 231–247). Seelze: Kallmeyer.

Oevermann, U. (1968). Schichtenspezifische Formen des Sprachverhaltens und ihr Einfluss auf die kognitiven Prozesse. In H. Roth (Hrsg.), *Begabung und Lernen – Ergebnisse und Folgerungen neuerer Forschung* (S. 297–356). Stuttgart: Klett.

Palincsar, A. S. & Brown, A. L. (1984). Reciprocal teaching of comprehension-fostering and comprehension-monitoring activities. *Cognition and Instruction, 1,* 117–175.

Paris, S. G., Cross, D. R. & Lipson, M. Y. (1984). Informed strategies for learning: A program to improve children's awareness and comprehension. *Journal of Educational Psychology, 76,* 1239–1252.

Pfost, M. (2017). Förderung der Vorläuferfähigkeiten des Lesens und Rechtschreibens. In M. Philipp (Hrsg.), *Handbuch Schriftspracherwerb und weiterführendes Lesen und Schreiben* (S. 199–215). Weinheim: Beltz.

Philipp, M. (2011). *Lesesozialisation in Kindheit und Jugend.* Stuttgart: Kohlhammer.

Philipp, M. (2015). *Lesestrategien. Bedeutung, Formen und Vermittlung.* Weinheim: Beltz.

Philipp, M. (Hrsg.). (2017). *Handbuch Schriftspracherwerb und weiterführendes Lesen und Schreiben.* Weinheim: Beltz.

Philipp, M., Brändli, M. & Kirchhofer, K. (2014). *Kooperatives Lesen: Lesefluss, Textverstehen und Lesestrategien verbessern.* Seelze: Kallmeyer.

Philipp, M. & Efing, C. (2018). Förderung von Sprache und Schriftsprache im Sekundarbereich. In C. Titz, S. Geyer, A. Ropeter, H. Wagner, S. Weber & M. Hasselhorn (Hrsg.), *Konzepte zur Sprach- und Schriftsprachförderung entwickeln* (S. 198–213). Stuttgart: Kohlhammer.

Philipp, M. & Souvignier, E. (2016). Lesefördermaßnahmen zwischen Gelingensbedingungen und Implementationshindernissen: Lessons learned, lessons yet to learn. In M. Philipp & E. Souvignier (Hrsg.), *Implementation von Lesefördermaßnahmen* (S. 123–148). Münster: Waxmann.

Pieper, I., Rosebrock, C., Wirthwein, H. & Volz, S. (2004). *Lesesozialisation in schriftfernen Lebenswelten.* Weinheim: Juventa.

Plume, E. & Schneider, W. (2004). *Hören, lauschen, lernen 2. Spiele mit Buchstaben und Lauten für Kinder im Vorschulalter. Würzburger Buchstaben-Laut-Training.* Göttingen: Vandenhoeck & Ruprecht.

Pronold-Günthner, F., Winkler-Theiß, V., Schilcher, A., Pissarek, M., Sontag, C., Steinbach, J., Stöger, H., Wild, H. & Lichtinger, U. (2014). *Burg Adlerstein. Lesetraining – Lehrermanual.* Braunschweig: Westermann.

Riecke-Baulecke, T. (2009). *Lesen macht stark.* Berlin: Cornelsen.

Rieckmann, C. (2010). *Leseförderung in sechsten Hauptschulklassen. Zur Wirksamkeit eines Vielleseverfahrens.* Baltmannsweiler: Schneider Verlag Hohengehren.

Rieckmann, C. (2015). *Grundlagen der Lesedidaktik (Band 2: Eigenständiges Lesen).* Baltmannsweiler: Schneider Verlag Hohengehren.

Ritter, C. & Scheerer-Neumann, G. (2009). *PotsBlitz – Das Potsdamer Lesetraining*. Köln: ProLog.

Rosebrock, C. (2016). Anforderungen von Sach- und Informationstexten, Anforderungen literarischer Texte. In A. Bertschi-Kaufmann & T. Graber (Hrsg.), *Lesekompetenz – Leseleistung – Leseförderung* (S. 58–75). Seelze: Kallmeyer.

Rosebrock, C. & Nix, D. (2017). *Grundlagen der Lesedidaktik*. Baltmannsweiler: Schneider Verlag Hohengehren.

Rosebrock, C., Nix, D., Rieckmann, C. & Gold, A. (2017). *Leseflüssigkeit fördern. Lautleseverfahren für die Primar- und Sekundarstufe*. Seelze: Friedrich.

Rosebrock, C., Rieckmann, C., Nix, D. & Gold, A. (2010). Förderung der Leseflüssigkeit bei leseschwachen Zwölfjährigen. *Didaktik Deutsch, 15,* 33–58.

Rühl, K. & Souvignier, E. (2006). *Wir werden Lesedetektive – Lehrermanual & Arbeitsheft*. Göttingen: Vandenhoeck & Ruprecht.

Scheerer-Neumann, G. (2015). *Lese-Rechtschreib-Schwäche und Legasthenie – Grundlagen, Diagnostik und Förderung*. Stuttgart: Kohlhammer.

Schlagmüller, M. & Schneider, W. (2007). *WLST 7–12. Würzburger Lesestrategie-Wissenstest für die Klassen 7–12*. Göttingen: Hogrefe.

Schneider, W. (2017). *Lesen und Schreiben lernen. Wie erobern Kinder die Schriftsprache?* Berlin: Springer.

Schneider, W. (in Druck). Nützen Sprachförderprogramme im Kindergarten, und wenn ja, unter welcher Bedingung? *Zeitschrift für Pädagogische Psychologie*

Schneider, W., Blanke, I., Faust, V. & Küspert, P. (2011). *WLLP-R – Würzburger Leise Leseprobe – Revision*. Göttingen: Hogrefe.

Schneider, W., Schlagmüller, M. & Ennemoser, M. (2017). *Lesegeschwindigkeits- und verständnistest für die Klassen 5–12 (LGVT 5–12+)*. Göttingen: Hogrefe.

Schneider, W. & Tibken, C. (2018). Schriftspracherwerb. In C. Titz, S. Geyer, A. Ropeter, H. Wagner, S. Weber & M. Hasselhorn (Hrsg.), *Konzepte zur Sprach- und Schriftsprachförderung entwickeln* (S. 69–83). Stuttgart: Kohlhammer.

Schründer-Lenzen, A. (2013). *Schriftspracherwerb*. Wiesbaden: Springer VS.

Schulte, E. & Souvignier, E. (2013). Der Lese-Sportler. Ein Programm für individuelle Leseförderung. *Die Grundschulzeitschrift, 27,* 58–61.

Schwanenflugel, P. & Flanagan Knapp, N. (2016). *The Psychology of Reading*. New York: Guilford Press.

Souvignier, E. & Förster, N. (2011). Effekte prozessorientierter Diagnostik auf die Entwicklung der Lesekompetenz leseschwacher Viertklässler. *Empirische Sonderpädagogik, 3,* 243–255.

Souvignier, E., Förster, N. & Salaschek, M. (2014). Quop: Ein Ansatz internetbasierter Lernverlaufsdiagnostik mit Testkonzepten für Lesen und Mathematik. In M. Hasselhorn, W. Schneider & U. Trautwein (Hrsg.), *Lernverlaufsdiagnostik* (S. 239–256). Göttingen: Hogrefe.

Souvignier, E. & Gold, A. (2004). Lernstrategien und Lernerfolg bei einfachen und komplexen Leistungsanforderungen. *Psychologie in Erziehung und Unterricht, 51,* 309–318.

Souvignier, E., Trenk-Hinterberger, I., Adam-Schwebe, S. & Gold, A. (2008). *Frankfurter Leseverständnistest für 5. und 6. Klassen (FLVT 5–6)*. Göttingen: Hogrefe.

Spitzer, M. (2012). *Digitale Demenz*. München: Droemer.

Spörer, N., Koch, H., Schünemann, N. & Völlinger, V. A. (2016). *Das Lesetraining mit Käpt'n Carlo für 4. und 5. Klassen. Ein Lehrermanual mit Unterrichtsmaterialien zur Förderung des verstehenden und motivierten Lesens*. Göttingen: Hogrefe.

Steinbrink, C. & Lachmann, T. (2014). *Lese-Rechtschreibstörung*. Berlin: Springer.

Stock, C. & Schneider, W. (2011). *PHONIT – Ein Trainingsprogramm zur Verbesserung der phonologischen Bewusstheit und Rechtschreibleistung im Grundschulalter*. Göttingen: Hogrefe.

Streblow, L., Schiefele, U. & Riedel, S. (2012). Förderung von Lesekompetenz und Lesemotivation – das Programm LekoLemo. In M. Philipp & A. Schilcher (Hrsg.), *Selbstreguliertes Lesen. Ein Überblick über wirksame Leseförderansätze* (S. 127–138). Seelze: Klett/Kallmeyer.

Tacke, G. (2012). *Flüssig lesen lernen*. Donauwörth: Auer.

Ulbricht, A. (2016). *Lesen ist cool! Vom Vorlesen zum Selbstlesen*. Göttingen: Vandenhoeck & Ruprecht.

Valtin, R. (1998). Der »neue« Methodenstreit oder: (Was) können wir aus der amerikanischen Leseforschung lernen? In H. Balhorn et. al. (Hrsg.), *Schatzkiste Sprache 1. Von den Wegen der Kinder in die Schrift* (S. 63–80). Frankfurt: Grundschulverband – Arbeitskreis Grundschule.

Valtin, R. (2001). Von der klassischen Legasthenie zur LRS – notwendige Klarstellungen. In I. M. Naegele & R. Valtin (Hrsg.), *LRS in den Klassen 1–10* (Bd. 2, S. 16–35). Weinheim: Beltz.

Valtin, R. (2012). Increasing awareness of phonological awareness – helpful or misleading? In S. Suggate & E. Reese (Eds.), *Contemporary debates in child development and education* (S. 227–237). London/New York: Routlegde.

Walter, J. (2009). *Lernfortschrittsdiagnostik Lesen LDL. Ein curriculumbasiertes Verfahren*. Göttingen: Hogrefe.

Walter, J. (2013). *Verlaufsdiagnostik sinnerfassenden Lesens VSL*. Göttingen: Hogrefe.

Walter, J., Ide, S. & Petersen, A. (2012). Kooperatives Lernen auf der Basis von Lesetandems: Entwicklung und Evaluation eines tutoriellen Lesetrainings zur Steigerung der Leseflüssigkeit. *Zeitschrift für Heilpädagogik, 63*, 448–464.

Wimmer, H. & Mayringer, H. (2014). *Salzburger Lese-Screening für die Schulstufen 2–9*. Bern: Huber.

Wolf, M. (2010). *Das lesende Gehirn*. Heidelberg: Spektrum.

Zimmerman, F. J., Christakis, D. A. & Meltzoff, A. N. (2007). Associations between media viewing and language development in children under 2 years. *Journal of Pediatrics, 151*, 364–368.

Register

Arbeitsgedächtnis 16, 29, 125–126, 128

conText 110–112

Dekodieren 19, 26, 115
Diagnostik 74, 84, 94, 96, 132
dorsaler Pfad 15–19, 37
Drei-Phasen-Modell 30–31, 129

Fibeln 57–58, 61–62

ganzheitliche Methode 55–60
Grapheme 19, 27–32, 38–39, 54–57

Kohärenz 23–26, 35, 89

Lautlesetandems 79–87
Lautleseverfahren 66, 70, 78–87
Lesedetektive 99–104
Leseflüssigkeit 67–75, 78–84
Lesegeschwindigkeit 36, 68–73
Lesen durch Schreiben 55, 58–59
Lesen macht stark 112, 114, 116
Lesesozialisation 41–49
Lesestörung 121, 123–124, 126
Lesestrategien 26, 64, 90–94, 99–110

Mehrsprachigkeit 51–52
Morpheme 20, 33

Netzhaut 12–14

Phoneme 19, 27–33, 39

quop 131–132

Rekodieren 19, 26, 32, 39, 72–73, 125–126

Sehrinde 13–14, 37
Sichtwörter 18, 32, 38
synthetische Methode 55–61

Textdetektive 100–104
Textschwierigkeit 69, 83, 100–102
Textverstehen 21–26, 35, 89–95, 97–104
TRAIL 109

ventraler Pfad 15–19
Vielleseverfahren 70, 74–78
Vorlesen 40–45

Wortlesen 15–20, 30–31, 55–57

Zwei-Wege-Modell 16, 19–20, 26, 56, 126

Der Autor

Andreas Gold studierte von 1976 bis 1982 Psychologie an der Universität Heidelberg. Als wissenschaftlicher Mitarbeiter war er am Max-Planck-Institut für psychologische Forschung in München und am Institut für Pädagogische Psychologie der Johann Wolfgang Goethe-Universität Frankfurt am Main tätig.

1988 wurde er mit einer Arbeit über das Thema *Bedingungen von Studienabbruch und Studienerfolg* promoviert. Seine Habilitation für das Fach Psychologie erfolgte 1993 mit der Arbeit *Gedächtnisleistungen im höheren Erwachsenenalter* (ausgezeichnet mit dem Preis der Willkomm-Stiftung für die beste naturwissenschaftliche Habilitation an der Goethe-Universität).

Von 1994 bis 1998 war er Professor für Pädagogische Psychologie an der Pädagogischen Hochschule Ludwigsburg, seit 1998 hat er die Professur für Pädagogische Psychologie an der Johann Wolfgang Goethe-Universität Frankfurt am Main inne. Von 2003 bis 2009 war er Vizepräsident der Universität. Von 2008 bis 2014 war er stellvertretender wissenschaftlicher Leiter des LOEWE-Forschungszentrums IDeA für Individuelle Entwicklung und Lernförderung (Center for Research on Individual Development and Adaptive Education of Children at Risk).

Andreas Gold hat unter anderem Lehrbücher zu *Lernschwierigkeiten* und zur *Pädagogischen Psychologie* geschrieben. Im Verlag Vandenhoeck & Ruprecht sind außerdem erschienen: *Guter Unterricht* (2015) und *Lernen leichter machen* (2016) – sowie als Unterrichtsmaterialien zur Leseförderung die *Textdetektive* (2004).

Bei Fragen zur Produktsicherheit wenden Sie sich bitte an:
If you have any questions regarding product safety, please contact:

Brill Deutschland GmbH
Robert-Bosch-Breite 10
37079 Göttingen
info@v-r.de